정보 올림피아드 비전서 시리즈 5

KOI 지역 예선 대비서

KOI 지역 예선 대비서

ⓒ 하성욱, 2018

초판 6쇄 발행 2024년 10월 31일

지은이	하성욱
펴낸이	이기봉
편집	좋은땅 편집팀
펴낸곳	도서출판 좋은땅
주소	서울특별시 마포구 양화로12길 26 지월드빌딩 (서교동 395-7)
전화	02)374-8616~7
팩스	02)374-8614
이메일	gworldbook@naver.com
홈페이지	www.g-world.co.kr

ISBN 979-89-93368-53-6 (94000)

- 가격은 뒤표지에 있습니다.
- 이 책은 저작권법에 의하여 보호를 받는 저작물이므로 무단 전재와 복제를 금합니다.
- 파본은 구입하신 서점에서 교환해 드립니다.

정보 올림피아드 비전서 시리즈 5

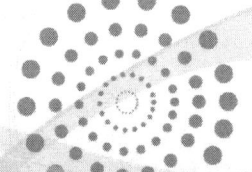

정보올림피아드를 준비하는 **초중고생을 위한 비전서**

KOI 정보 올림피아드 지역 예선 대비서

저자 | 하성욱

좋은땅

| 머리말 |

정보 올림피아드 지역 예선

한국을 IT 강국이라고 하지만 하드웨어에 치중하는 측면이 많으며, 소프트웨어는 등한시하는 부분이 많다. 한국에서는 소프트웨어 중에서는 게임 분야만 강세를 나타내고 있지만, Google 이나 Yahoo 와 같은 세계적인 소프트웨어적인 기업이 나오려면, 창의적인 소프트웨어에 기반한 아이디어를 만들어낼 수 있는 영재를 키워나가야 한다. 그 핵심적인 기능을 하는 대회가 정보 올림피아드 대회이다. 어릴 때부터 알고리즘을 만들어내는 사고 능력과 창의적인 발상 능력을 키워나가는 KOI 는 미래 산업에서도 중요할 역할을 하는 대회이므로, 실제로는 어릴 때 반드시 필요한 교육이다.

KOI 는 지역 예선, 지역 본선, 전국 본선으로 구분된다. 지역 본선과 전국 본선은 비전서 1 ~ 3 권에서 다루는 프로그래밍 언어와 기본 알고리즘이 기본이 된다. 그러나, 지역 예선은 사고력, 창의력 수학 문제가 10 문제 정도, 자료 구조에 관련된 것이 3 문제 정도, 나머지는 프로그래밍 코드 문제로 전체 35 문제로 구성된다. 사고력과 창의력 수학은 기존에 좋은 교재들이 있으므로, 본서에서는 "2/3" 정도를 차지하는 프로그래밍 코드 문제에 대해서 이론적인 부분과 프로그래밍 코드를 해석하는 방법에 대해서 설명하고자 한다.

실제 문제에 대해서 코딩을 하여 문제를 작성하는 본선과 달리 코드 자체를 분석하는 것은 자신의 코드보다도 남들의 코드를 많이 보고 분석해보는 과정이 필요하다. 그러나,

여러 코드를 분석하는 능력을 키우는 것은 많은 시간을 요구하므로 분석할 때 사용하는 방법에 대해서 설명할 것이다.

코드를 보고 이해할 수준이 되려면, 비전서 1권을 모두 습득하고 여러가지 유형의 문제를 풀어서 자신의 코드에 익숙해진 상태라면 쉽게 이 책을 이해할 수 있을 것이다. 정보 올림피아드에 갑자기 출전하게 되어 이 책을 접한 독자라면 예선을 통과를 목표로 예선에 나오는 유형의 코드들을 이해하고 분석하는데 많은 노력을 기울여야 한다. 그리고, 지역 본선에 참가한다면, 올해는 문제 유형을 접해 보는데 만족하고 내년 이후에 수상을 목표로 열심히 매진하기를 권한다.

저자 하성욱

Contents

머리말 | 정보 올림피아드 지역 예선   4

Chapter 1 | 예선을 위한 기초 문법   9

01. C 의 기본 구조   10
02. 변수 정의   11
03. 변수의 데이터 형   12
04. 표준 입력 scanf   13
05. 표준 출력 printf   16
06. 연산자   22
07. 증감 연산   23
08. 비트 연산   26
09. 음수 표현법   30
10. 대입 연산자   33
11. 관계 연산자   34
12. 논리 연산자   35
13. if   36
14. switch   43
15. while   45
16. do ~ while   48
17. for   50
18. break   53
19. continue   54
20. 배열   55
21. 다차원 배열   62
22. 상수 정의   65

23. 문자열	67
24. 문자 함수	70
25. 함수 정의	74
26. 재귀 함수	77
27. 문법 정리	79

Chapter 2 | 실전 문제　　　　　　81

01. 자료 구조 활용 문제	82
02. Queue	82
03. Stack	84
04. 단순 수식 문제	87
05. 반복 문제	91
06. 조건 문제	101
07. 배열 문제	104
08. 문자열 함수 활용 문제	109
09. 기초 코딩 문제	111
10. 코드 비교 문제	158
11. 빈 칸 채우기 문제	169
12. 코드 분석 문제	193
13. 통합 문제	199

Chapter 1
예선을 위한 기초 문법

지역 본선과 전국 본선에서는 Visual C++ 이 허용하는 모든 문법을 사용해도 상관이 없지만, 지역 예선 문제에서는 형식화된 입출력을 사용해야 한다. C++ 의 표준 문법은 1998 년에 새로 제정되어 〈iostream〉 을 입출력 표준으로 사용하지만, 그 이전의 문법에서는 〈stdio.h〉 를 사용한 입출력 표준을 사용한다. STL 이나 string 형과 같은 새로운 C++ 문법을 사용하려면 〈iostream〉 사용이 필수적이지만, 요즘에 출간되는 C 언어 서적들도 이전 문법을 기초로 하는 것이 많이 나오고 있다.

지역 예선 문제도 이전의 C 언어 형식을 사용한다. 따라서, 비전서 1 권으로 공부했던 학생들도 예선을 위해서는 몇 가지 문법을 더 알아야 한다. 본 장에서는 예선에서 나오는 문법에 대해서 살펴볼 것이다.

01 C 의 기본 구조

C++ 표준에서는 다음과 같은 두 가지 구조만 허용된다.

```
int main()
{
    return 0;
}
```

```
int main(int argc, char* argv[])
{
    return 0;
}
```

실제 프로그래밍에서는 2 가지 중에 첫 번째를 주로 사용하며, 두 번째는 콘솔에서 실행 프로그램 다음에 추가적인 옵션을 받아들일 때 사용하는 버전이다. 정보 올림피아드에서는 본선에서도 두 번째 구조는 사용되지 않는다.

프로그래밍 문제를 풀 때 KOI 뿐만 아니라 미국 컴퓨팅 올림피아드 훈련 사이트나 UVA, PKU 등의 외국 서버에서 채점을 하는 경우 반드시 첫 번째 구조와 같은 형태를 사용해야 한다. 그러나, KOI 공식 언어인 Visual C++ 6.0 에서는 다음과 같은 구조도 허용한다.

```
void main()
{
```

```
}
```

그리고, 지역 본선에서는 주로 위와 같은 구조를 기본으로 사용한다. 새로운 표준에서는 허용되지 않지만, 컴파일러에서 눈감아 주는 것이라고 생각하면 되겠다.

02 변수 정의

C 와 C++ 모두 변수를 정의하는 방법은 동일하다. 변수는 우선 이름을 붙여야 하는데 이름을 붙이는 규칙은 다음과 같다.

1. 첫 번째 문자는 영문자 대소문자 이거나, '_' 를 사용할 수 있다.
2. 두 번째 문자부터는 영문자 대소문자, '_', 숫자를 사용할 수 있다.
3. C 나 C++ 에 이미 예약되어 있는 단어는 사용할 수 없다.

위의 규칙에서 특이한 점은 첫 번째 문자에 숫자가 올 수 없다는 점이다. 그리고, C 프로그래밍 언어에서 의미를 부여하여 사용하고 있는 "main, break, "void" 등의 단어들은 변수 이름으로 사용할 수 없다. KOI 공식 C 언어 도구인 Visual C++ 6.0(이하 VC6)을 사용한다면 기본 세팅으로 사용하는 경우, 이름을 만들 때 파란색으로 바뀌면 C 프로그래밍 언어에서 사용하는 예약된 단어임을 알 수 있다.

변수 이름으로 올바른 이름들은 다음과 같다.

```
king  _123  no_name  MyName  a
```

다음의 이름들은 잘못된 이름들이다.

```
main  1abc  abc#  my name
```

위의 변수에서 첫 번째 변수 "main 은 C 언어의 예약된 단어이기 때문에 변수가 될 수 없다. 두 번째 변수 "1abc 는 첫 번째 문자로 숫자가 올 수 없다는 규칙을 위반하였다. 세 번째 변수 "abc#은 변수로 올 수 없는 문자가 사용되었다. 변수에 사용될 수 있는 문자는 영문자 대소문자, 숫자, '_' 뿐이다. 네 번째 변수 "my name 은 가운데 공백이 사용되어 변수 이름이 될 수 없다.

03 데이터 형식

변수는 이름 외에도 저장될 데이터의 형식을 정해주어야 한다. 정수를 저장할 것인지 문자를 저장할 것인지, 실수를 저장할 것인지를 선택해주어야 한다. 주로 사용하는 데이터 형은 다음과 같다.

데이터 형식	저장되는 데이터 예
int	1, −18, 257, ⋯
float, double	3.141592, −15.734, ⋯
char	'A' , 'B' , '%' , '~' , ⋯
bool	true(참), false(거짓)

위에서 실수 형 데이터는 float 와 double 을 주로 사용한다. 예선 문제에서는 실수 값을 저장하는데 float 형이 자주 등장하는데, 실제 프로그래밍에서는 double 이 기본적으로 사용된다. 다음과 같이 실제 코드에서 변수를 정의해서 사용할 수 있다.

```
void main()
{
  int a = 10;
  float b = 3.4;
  char c = 'A';
}
```

04 표준 입력 scanf

C 의 표준 입력은 scanf 함수를 사용하며, 표준 출력은 printf 함수를 사용한다. 두 함수 모두 마지막에 'f'가 붙는데, 형식을 나타내는 단어인 "format"을 줄인 말이다. 즉, 이 두 함수는 입력과 출력을 할 때 형식을 사용해야 한다. 우선 정수 값을 읽어 들이는 코드를 살펴 보자.

```
#include <stdio.h>

void main()
{
  int a;

  scanf( "%d" , &a);
}
```

scanf 나 printf 를 사용하기 위해서는 두 가지가 정의되어 있는 <stdio.h> 를 포함시켜야 한다. 즉, "#include" 를 사용해서 먼저 포함시켜주어야 제공되는 scanf 와

printf 를 사용할 수 있게 된다. 위 코드는 정수 변수 a 를 입력하고 출력한 코드이다. scanf 로 입력한 것이다. scanf 의 기본 사용법은 다음과 같다.

```
scanf( "형식" , 변수 목록);
```

변수 목록에는 1 개 이상의 변수가 올 수도 있다. 정수 변수 2 개를 입력 받는 방법은 다음과 같다.

```
#include <stdio.h>

void main()
{
  int a, b;

  scanf( "%d %d" , &a, &b);
}
```

입력 받을 변수를 순서대로 나열해주면 된다. scanf 에서 단일 변수를 적을 때는 반드시 '&' 를 붙이도록 한다. scanf 는 입력 받는 데이터 형식에 따라 형식을 따로 정해주어야 한다. scanf 에서 사용되는 형식은 다음과 같다.

데이터	형식
int	"%d"
float	"%f"
double	"%lf"

char	"%c"
char 배열 (문자열)	"%s"

char 형은 문자 하나를 저장하는 데이터형이고, char 배열은 단어와 같은 여러 개의 문자열로 구성되는 데이터형이다. 예제 코드로 살펴보면 다음과 같다.

```c
#include <stdio.h>

void main()
{
  int a;
  scanf( "%d" , &a);

  float b;
  scanf( "%f" , &b);

  double c;
  scanf( "%lf" , &c);

  char d;
  scanf( "%c" , &d);

  char e[100];
  scanf( "%s" , e);
}
```

위의 코드를 실행하여 다음과 같은 데이터를 입력할 수 있다.

```
123
1.23
3.14
*
abcde
```

입력은 모두 엔터를 치거나 공백을 띄우면 하나의 데이터가 끝난 것으로 인식된다. 코드에서 마지막 줄의 문자열 입력은 문자 배열을 사용하여 입력받는다. 배열은 하나의 단원으로 구분하여 설명할 것이다. 다른 정수들과의 입력과의 차이점은 변수 앞에 '&' 를 붙이지 는다는 점이다.

05 표준 출력 printf

이번에는 출력하는 printf 에 대해서 살펴보자. printf 도 scanf 와 마찬가지로 형식을 사용한다. 사용하는 형식은 scanf 에서 사용하는 것과 동일하다. 그러나, 출력 형식에 사용될 때는 자리 수를 정해줄 수 있다. printf 의 기본 형식은 다음과 같다.

```
printf("형식", 변수 목록);
```

변수 목록에는 출력할 변수를 0 개 이상 나열할 수 있다. 우선 개수 별로 출력하는 예를 살펴보자.

```
#include <stdio.h>

void main()
{
  int a = 2, b, c;
  b = 3;
  c = a+b;

  printf( "출력 예제\n" );
  printf( "a = %d\n" , a);
  printf( "a = %d, b = %d\n" , a, b);
  printf( "a = %d, b = %d, c = %d\n" , a, b, c);
}
```

위의 코드에서 첫 번째 출력문은 큰따옴표 내에 작성된 문자열은 화면에 그대로 출력된다. 문자열 내부에 \n 이 입력될 때마다 화면에서 다음줄 제일 앞으로 출력 위치가 이동된다. 두 번째 출력문부터 마지막 출력문까지는 변수 개수를 변화시키면서 출력한 예제이다. 출력 결과는 다음과 같다.

```
출력 예제
a = 2
a = 2, b = 3
a = 2, b = 3, c = 5
```

위 코드에서는 변수에 값을 초기화하고, 값을 대입하고 계산식을 사용하는 방법을 보여주고 있다. "int a = 2;" 와 같이 변수가 선언되면서 값을 초기화될 수 있다.

다음으로 변수 b 는 변수를 선언하고 나서 밑에서 '=' 기호를 사용하여 정수를 대입한 예를 보여준다. 변수 c 는 a 와 b 변수를 더한 결과를 저장하도록 하였다.

printf 도 scanf 와 같이 형식을 사용하는데 우선 사용되는 형식을 표로 정리하면 다음과 같다.

데이터	형식
int	"%d"
float	"%f"
double	"%lf" 나 "%f"
char	"%c"
char 배열 (문자열)	"%s"

scanf 와 별 차이가 없지만, double 형은 출력에서 "%f" 를 사용해도 동일한 결과를 얻는다. 실수를 출력하는 형식에는 "%g" 와 "%e" 도 존재하지만, 지역 예선에서 나오지 않으므로 넘어가도록 하자. 각 데이터 유형 별로 출력하는 예제는 다음과 같다.

```
#include <stdio.h>

void main()
{
  int a = 1;
  printf( "%d\n" , a);

  float b = 3.1415;
  printf( "%f\n" , b);
```

```
    double c = 1.2314;
    printf("%lf\n", c);


    char d = 'z' ;
    scanf("%c\n", d);


    char e[100] = "super man" ;
    printf("%s\n", e);
}
```

위 코드를 실행한 출력 결과는 다음과 같다.

```
1
3.141500
1.231400
z
super man
```

위의 실행 결과를 보면 실수를 출력한 부분에서는 소수점 이하 여섯 자리가 출력되는 것을 알 수 있다. 디폴트로 여섯 자리로 지정되어 있는 것이다. 모든 형식들은 전체 자리 수를 지정하여 해당 크기 내에 출력되도록 할 수 있다. 코드를 다음과 같이 변경해보자.

```c
#include <stdio.h>

void main()
{
  int a = 1;
  printf( "%5d\n" , a);


  float b = 3.1415;
  printf( "%10f\n" , b);


  double c = 1.2314;
  printf( "%15lf\n" , c);


  char d =   'z'  ;
  scanf( "%10c\n" , d);


  char e[100] =  "super man"  ;
  printf( "%20s\n" , e);
}
```

모두 '%' 뒤에 출력될 크기를 지정하였다. 해당 크기보다 출력할 크기가 작으면 왼쪽에 공백이 채워져서 아래와 같이 출력된다.

```
    1
3.141500
       1.231400
```

```
                z
           super man
```

전체 크기는 모든 형에 적용되지만, 실수형에는 소수점 이하의 자리수도 표현할 수 있다. 전체 자릿수 다음에 소수점과 숫자로서 소수점 이하의 자릿수를 표현한다. 다음 예제 코드를 살펴보자.

```c
#include <stdio.h>

void main()
{
    float a = 3.14159;
    printf("%10.3f\n", a);
    printf("%1.3f\n", a);
    printf("%.5f\n", a);
    printf("%.0f\n", a);
}
```

출력 결과는 다음과 같다.

```
     3.142
3.142
3.14159
3
```

코드에서 첫 번째 형식 "%10.3f"는 소수점 이하 셋째 자리까지 모두 출력하더라도 전체 자릿수를 채우지 못하여 앞부분에는 빈 공백이 추가된다. 두 번째 형식 "%1.3f"는 소수점 이하 셋째 자리까지 출력하는데 전체 자릿수가 현재 출력되는 길이보다 턱없이 적은 값이므로 전체 자릿수는 무시되고 출력된다. 세 번째 형식 "%.5f"는 전체 자릿수가 생략된 형식으로 소수점 이하 다섯째 자리까지 출력하는 것이다. 네 번째 형식 "%.9f"는 소수점 이하 자릿수가 0 이므로 소수점 위의 수만 출력된다.

이제 C 언어에서 사용할 수 있는 연산자에 대하여 알아보도록 하자.

06 연산자

연산자는 산술 연산자, 관계 연산자, 논리 연산자로 구분된다. 우선 산술 연산자부터 알아보자.

연산자	기능	예제	결과
+	덧셈	int a = 3, b = 2, c; c = a + b;	c = 5
−	뺄셈	int a = 3, b = 2, c; c = a − b;	c = 1
*	곱셈	int a = 3, b = 2, c; c = a * b;	c = 6

/	나눗셈	int a = 3, b = 2, c;
		c = a / b;
		float aa = 3, bb = 2, cc;
		cc = aa / bb;
			c = 1
			cc = 1.5

%	나머지 연산	int a = 3, b = 2, c; c = a % b;	c = 1

위의 연산은 일반적으로 사용하는 수학 연산에 대한 것들이다. 나눗셈은 연산에 사용되는 두 수가 정수인 경우는 몫만 나오고, 둘 중 하나가 실수 값인 경우는 실수 값으로 계산된다. 그리고, 나머지 연산은 두 수가 정수인 경우에만 사용할 수 있으므로 주의하도록 하자.

07 증감 연산

변수의 값을 1씩 증가하거나 감소시키는 연산자에 대해서 살펴보자.

연산자	기능	예제	결과
++	전치증가	int a = 3; ++a;	a = 4
++	후치증가	int a = 3; a++;	a = 4
--	전치감소	int a = 3; --a;	a = 2
--	후치감소	int a = 3; a--;	a = 2

'+'이나 '-'을 연속으로 붙여서 사용하게 되면, 사용된 변수를 1씩 증가시키거나 1씩 감소시킨다. 변수의 앞뒤에 사용되며 앞에 사용될 때와 뒤에 사용될 때 단순히 변수 하나만 위의 예제와 같이 사용한다면 별다른 차이없이 사용된다. 그러나 다른 변수에 값이 대입되거나 계산될 때는 달라진다. 다음 예제를 살펴보자.

```
#include <stdio.h>
```

```
void main()
{
  int a = 3, b;
  b = ++a;
  printf( "a = %d\nb = %d\n\n" , a, b);


  a = 3;
  b = a++;
  printf( "a = %d\nb = %d\n\n" , a, b);


  a = 3;
  b = − −a;
  printf( "a = %d\nb = %d\n\n" , a, b);


  a = 3;
  b = a− −;
  printf( "a = %d\nb = %d\n" , a, b);
}
```

위 코드를 실행하면 결과는 다음과 같다.

```
a = 4
b = 4

a = 4
```

```
b = 3

a = 2
b = 2

a = 2
b = 3
```

첫 번째 b = ++a 의 경우는 a 의 값이 먼저 증가하고 a 의 값이 b 에 대입된다. 즉, "a = a+1", "b = a" 순서로 계산이 이루어진다. 전치증가는 먼저 증가하는 연산이다. 두 번째 b = a++ 의 경우는 a 를 먼저 사용한 뒤 값을 증가 시킨다. 즉, "b = a", "a = a+1" 의 순서로 계산이 이루어진다. 후치증가는 나중에 증가하는 연산이다.

전치감소와 후치감소는 전치증가와 후기증가에서 더하는 연산을 빼는 연산으로만 교체한 것이므로 자세한 설명은 생략하도록 하겠다. 다음으로 전치연산과 후치연산이 식으로 사용될 때는 어떠한 결과가 얻어지는지 살펴보자.

```c
#include <stdio.h>

void main()
{
    int a = 3, b;
    b = 3 + ++a;
    printf("a = %d\nb = %d\n\n", a, b);
```

```
a = 3;
b =7 *a- -;
printf( "a = %d\nb = %d\n\n" , a, b);
}
```

위 코드를 실행하면 결과는 다음과 같다.

```
a = 4
b = 7

a = 2
b = 21
```

첫 번째 식은 먼저 a 를 증가시키고 그 결과와 3 을 더한 값을 b 에 저장한다. 두 번째 식은 현재의 a 값과 7 을 곱하여 b 에 저장하고 나서, a 값은 1 이 감소된다.

08 비트 연산

이번에는 산술 연산자 중에서도 비트 연산에 대해서 알아보자.

연산자	기능	예제	결과
<<	왼쪽 시프트	int a = 13, b; b = a << 2;	c = 52
>>	오른쪽 시프트	int a = 13, b; b = a >> 2;	c = 3

&	and	int a = 12, b = 10, c; c = a & b;	c = 8
|	or	int a = 12, b = 10, c; c = a | b;	c = 14
^	xor	int a = 12, b = 10, c; c = a ^ b;	c = 6
~	not	int a = 12; c = ~a;	c = −13

비트 연산자는 숫자에 대해 이진수로 변환한 다음에 이루어지는 계산이라고 볼 수 있다. 실제로 컴퓨터는 컴퓨터 구조상 0 과 1 로 구성되는 비트 단위로 연산이 바로 이루어지므로 이진수로 변환하는 단계가 따로 추가되지는 않지만 여기서는 설명을 위해서 십진수를 이진수로 변환하여 설명하도록 하겠다.

첫 번째 연산자 '〈〈' 와 두 번째 연산자 '〉〉'는 이진수를 기준으로 해당하는 회수 만큼 오른쪽이나 왼쪽으로 수를 이동하게 된다. 위의 예제에서는 'a' 변수의 값으로 13 을 저장하여 연산에 사용하였다. 13 을 이진수로 변환하면 1101 이다. 여기서, "a 〈〈 2" 를 적용하면, 이진수 1101 을 왼쪽으로 두 번 이동시키게 된다. 결과는 110100 이 된다. 왼쪽으로 이동하게 되면, 새로 0 이 오른쪽 끝에 삽입된다. 이 값을 십진수로 변환하면 52 가 된다. 왼쪽으로 한번 옮길 때마다 2 를 곱한 효과가 발생한다. 따라서, 두 번 왼쪽으로 이동하게 되면 2*2 이므로 4 가 곱해진 결과를 얻게 된다.

"a 〉〉 2" 는 이진수 1101 을 오른쪽으로 두 번 이동하게 되는데, 한 번 이동할 때 마다 가장 마지막 비트를 버리게 되므로 1101 → 110 → 11 이 되어 결과는 3 이 된다. 이전에 왼쪽으로 이동하는 결과와 달리 오른쪽으로 이동하는 것은 한 번 이동할 때마다 2 로 나누는 효과를 갖는다. 따라서, 2*2 이므로 원래 수를 4 로 나누는 값인 3 이 얻어진다.

다음으로 and, or, xor 비트 연산에 대해서 알아보자. 비트에 대한 and, or, xor 의 연산 표는 다음과 같다.

a	b	a&b	a|b	a^b
0	0	0	0	0
0	1	0	1	1
1	0	0	1	1
1	1	1	1	0

위의 표를 참고해보면 & 연산자는 두 비트 모두 1 인 경우에만 1 이며, | 연산자는 두 비트 중 하나라도 1 이 있으면 결과가 1 이 되고, ^ 연산자는 두 비트의 값이 서로 다른 경우만 1 이 된다.

3 개의 연산자의 예제에서 a = 12, b = 10 의 값으로 사용된다. 12 는 이진수로 변환하면 1100 이고, 10 은 1010 이 된다. 먼저 & 연산을 적용해보자.

```
  1100      12
& 1010    & 10
------    ----
  1000       8
```

이 된다. 위에서 왼쪽은 이진수로 표현한 값이고, 오른쪽은 십진수로 표현한 것이다. 각 자리의 비트별로 연산이 이루어 지며, 각 자리에서 둘 다 1 인 곳만 결과가 1 이 되므로 위와 같이 계산된다. 이번엔 | 연산을 적용해보자.

```
  1100        12
| 1010      | 10
------      ----
  1110        14
```

이 된다. | 연산인 경우 각 자리에서 둘 중 하나라도 1 이 있으면 모두 1 이 된다. 반대로 얘기하면 둘 다 0 인 경우만 0 이 된다. 결과를 십진수로 변환하면 오른쪽과 같이 14 가 된다. 이번에는 ^ 연산자에 대해서 살펴보자.

```
    1100        12
  ^ 1010      ^ 10
  ------      ----
    0110         6
```

이 된다. ^ 연산자는 각 자리의 비트가 서로 다른 경우만 1 이 되므로 위와 같다. 마지막에 있는 not 연산자 ~ 는 각 비트에 대해서 not 을 취하여 결과를 만들어 낸다. not 연산자를 표로 표시하면 다음과 같다.

a	~a
0	1
1	0

not 은 각 비트에 대해서 연산이 이루어지나 결과를 십진수로 변환하면 우리가 예상하지 못한 값이 나오게 된다.

```
int a = 12;
c = ~a;
```

위의 코드를 사용하면 c 에는 -13 이 들어간다. 12 의 ~ 의 결과가 치고는 엉뚱한 값이 되는 것이다. 그러나, 2 진수로 변환하면 당연한 값이 된다. int 형은 실제로는 4 바이트로 비트로 하면 32 비트가 된다. 따라서, 12을 정확히 2 진수로 표현하면 다음과 같다.

  a = 00000000000000000000000000001100
  ~a = 11111111111111111111111111110011

위와 같지만, 십진수로 표현하면 음수값이 되어 -13 이 된다. 그렇다면 C 에서 사용하는 음수 표현법에 대해서 자세히 알아보자.

09 음수 표현법

C 에서 정수를 표현할 때 char, short, int, long 등의 데이터 형을 사용한다. 주로 사용하는 int 형은 4 바이트로 정수를 표현하는데 4 바이트 = 32 비트로서 이진수 32 자리로 정수를 표현하게 된다. 이중에서 제일 첫 번째 비트는 0 이면 양수, 1 이면 음수를 나타낸다. 양수의 표현은 간단히 10 진수를 2 진수로 바꾸고 32 자리로 환산해주면 된다. 예를 들어, 17 은 다음과 같이 표현된다.

  17 = 10001 → 00000000000000000000000000010001

이때, 가장 앞의 비트는 0 으로 디폴트로 양수가 된다. 그렇다면 양수에서 가장 큰 값은 이진수로 하면 다음과 같다.

  01111111111111111111111111111111 = $2^{31}-1$ = 2,147,483,647

이번에는 음수 -17 을 C 에서 표현하는 방법에 대해서 알아보자. 일단 부호를 뺀 17 을 이진수로 변환하면 양수와 같이 다음과 같이 표현된다.

00000000000000000000000000010001

여기서, 일단 1의 보수를 취한다. 1의 보수를 각 자리의 비트를 기준으로 0 → 1, 1 → 0 으로 바꾸는 것이다. 17에 대한 1의 보수는 다음과 같다.

11111111111111111111111111101110

여기에 1을 더하면 C에서 사용하는 음수 표현인 2의 보수가 된다. 즉, 다음과 같다.

```
  11111111111111111111111111101110
+                                1
  ------------------------
  11111111111111111111111111101111
```

2 의 보수로 표현했을 때, 가장 앞의 비트는 1 이 되어 음수를 표현할 수 있게 된다. 양수에서 가장 작은 값은 모두 0 으로 채워진 0 이다.

00000000000000000000000000000000 = 0

음수에서는 이와 반대로 모두 1로 채워진 값이 가장 작은 값이 된다. 즉, 다음과 같다.

11111111111111111111111111111111

2의 보수를 역으로 1의 보수로 만들고 다시 1의 보수를 원래의 값으로 변환해서 위의 값이 어떤 수 인지 변환해보자.

```
11111111111111111111111111111111  (2의 보수)
-                              1
────────────────────────
11111111111111111111111111111110  (1의 보수)
────────────────────────
00000000000000000000000000000001  (부호를 뺀 수)
```

변환해본 결과 위의 수는 1 이 된다. 즉, -1 을 표현한 값이었다. 음수 중에서 가장 큰 값은 다음과 같다.

```
10000000000000000000000000000000  (2의 보수)
-                              1
────────────────────────
01111111111111111111111111111111  (1의 보수)
────────────────────────
10000000000000000000000000000000  (부호를 뺀 수)
```

즉, 가장 큰수는 $-2^{31} = -2,147,483,648$ 이 된다. 양수보다 표현하는 수가 하나 더 많은 이유는 0 이 양수에 포함되므로, 음수는 -1 부터 시작하여 하나 더 많은 수를 표현하게 된 것이다.

이제 이전에 비트 not 연산자 ~ 으로 연산된 결과를 다시 한번 살펴 보도록 하자.

 a = 00000000000000000000000000001100
~a = 11111111111111111111111111110011

위에서 a 의 값이 12 인 경우, ~ 연산을 한 이후 결과가 위와 같이 1 의 보수를 취한 값이 구해졌다. 이 수를 C 의 음수 표현 방식으로 해석해보자. 우선 2 의 보수를 1 의 보수로 바꾸면 다음과 같다.

11111111111111111111111111110010

여기서, 다시 1의 보수를 원래 수로 변환하면 다음과 같아진다.

00000000000000000000000000001101 = 13

즉, -13 으로 바뀌게 된다. 따라서, ~ 연산을 취하면 부호가 바뀌고, 바뀌기 전에 양수였으면 1 이 늘어나고, 음수였다면 1 이 줄어들게 된다. 이번에는 대입연산자에 대해서 알아보자.

10 대입 연산자

단순히 오른쪽의 값을 왼쪽에 대입하는 연산자 말고, C 에서 줄여서 사용하는 대입연산자에 대해서 표를 통해서 알아보자.

연산자	기능	예제	결과
+=	더해서 다시 넣는다.	int a = 3; a += 3;	a = 6
-=	빼서 다시 넣는다.	int a = 3; a -= 2;	a = 1
*=	곱해서 다시 넣는다.	int a = 3; a *= 4;	a = 12
/=	나누어서 다시 넣는다.	int a = 3; a /= 2;	a = 1
%=	나머지를 다시 넣는다.	int a = 3, a %= 2;	a = 1
<<=	왼쪽 시프트 결과를 다시 넣는다.	int a = 13; a <<= 2;	a = 52

연산자	기능	예제	결과
>>=	오른쪽 시프트 결과를 다시 넣는다.	int a = 13; a >>= 2;	a = 3
&=	& 연산 결과를 다시 넣는다.	int a = 12; a &= 10;	a = 8
|=	| 연산 결과를 다시 넣는다.	int a = 12; a |= 10;	a = 14
^=	^ 연산 결과를 다시 넣는다.	int a = 12; a ^= b;	a = 6

"연산자=" 형태의 표현은 "= 연산자" 형태가 줄어든 것이다. 예를 들어, "a += b"는 "a = a + b"를 줄인 것이다. 즉, 앞과 뒤의 연산 결과를 다시 앞의 변수에 넣어주는 형태이다.

11 관계 연산자

주로 관계 연산자는 조건을 사용하는 문장에서 필요한 연산자이다. 표를 통해서 관계 연산자들을 살펴보자.

연산자	기능	예제	결과
>	크다.	int a = 3, b = 2; bool c = a > b;	c = true
>=	크거나 같다.	int a = 3, b = 2; bool c = a >= b;	c = true
<	작다.	int a = 2, b = 2; bool c = a < b;	c = false
<=	작거나 같다.	int a = 2, b = 2; bool c = a <= b;	c = false
==	같다.	int a = 3, b = 2; bool c = a == b;	c = false

| != | 같지 않다. | int a = 3, b = 2;
bool c = a != b; | c = true |

관계 연산의 결과는 참 아니면 거짓으로 저장된다. C 에서는 bool 형식은 참과 거짓을 저장할 수 있는 데이터 형식이다. 위에서는 a 와 b 의 값을 사용하여 각 연산 결과를 bool 변수인 c 에 저장하였다. C 에서는 수학 연산자인 "≥"나 "≤"이 존재하지 않으므로 같다는 표현을 뒤에 사용하여, ")="과 "<="로 표현한다.

같다는 표현은 "=="과 같이 '='를 2 개 연속해서 사용하여 비교해야 한다. C 에서는 '='은 단순히 대입하는 연산자로만 사용하며, 같다는 비교 연산자는 반드시 "=="으로 사용해야 한다. 같지 않다는 표현은 "!="을 사용하여 표현하도록 한다. 마지막으로 논리 연산자에 대해서 알아보자.

12 논리 연산자

논리 연산자는 비트 연산자와 비슷하지만 한 비트 단위로 연산을 실행하는 것이 아닌 전체의 값에 대해서 연산을 적용하게 된다. 표를 통해서 논리 연산자에 대해서 자세히 살펴보자.

연산자	기능	예제	결과

&&	and	int a = 12, b = 10;
		bool c;
		c = (a > 0) && (b < 0);
			c = false

||	or	int a = 12, b = 10;
		bool c;
		c = (a > 0) && (b < 0);
			c = true

!	not	int a = 12;
		bool c, d;
		c = !(a > 0);
		d = !a;
			c = false
			d = false

논리 연산자는 true, false 값을 갖는 bool 타입의 결과에 대해 비트 연산과 같은 and, or, not 연산을 실행한다. && 연산자의 예제를 살펴보면 각 괄호 내에 포함된 관계 연산을 먼저 실행하고 그 결과의 true 와 false 값을 통해서 둘 다 true 인 경우만 결과가 true 가 된다.

|| 연산자는 좌우 양쪽의 값 중에서 하나라도 결과가 true 이면 전체가 true 가 된다. ! 연산자는 false 이면 true, true 이면 false 로 취급한다. 두 번째 d = ! a 의 경우에서 a 의 값에 대해서 ! 연산을 실행한다. C 에서는 0 은 false 로 취급하며, 0 이 아닌 값은 모두 true 로 취급한다. 즉, -1, 'V' , 0.298 등이 모두 true 가 된다. 따라서, a 의 값이 현재 0 이 아니므로 true 이며, 여기에 ! 연산을 적용하였으므로 결과는 false 가 된다.

13 if

C 에서는 조건에 따라 문장을 실행하거나, 반복을 할 수 있는 프로그램의 흐름을 제어하는 제어문들이 존재한다. if, else, switch, do, while, for 등이 제어문에 해당하는데 먼저 if 조건문에 대해서 살펴보고자 한다.

영어에서 if 의 뜻은 "만일 ~ 한다면" 이다. C 에서도 if 는 "~" 에 해당하는 내용을 괄호로 묶어서 "if () 실행 문장" 으로 사용한다. 즉, 괄호 내의 값이 참이면 실행 문장을 사용하고, 거짓이면 사용하지 않는다. 예제 코드를 살펴보자.

```
#include <stdio.h>

void main()
{
    int a;
    scanf("%d\n", &a);
    if (a > 0) printf("%d\n", a*2);
}
```

위 코드에서는 a 를 입력 받아서 입력 받은 값이 양수면 그 수의 2 배를 출력한다. 만일 괄호 내의 값이 거짓이 되면 "printf("%d\n", a*2);" 는 실행되지 않는다.

이번에는 괄호 내의 값이 거짓이 되는 경우 실행하는 else 에 대해서 살펴보자. 사용하는 규칙은 다음과 같다.

```
if (조건) 실행 문장 1;
else 실행 문장 2;
```

또는

```
if (조건) {
    실행 문장 1;
    실행 문장 2;
    ...
}
```

```
else {
  실행 문장 3;
  실행 문장 4;
  ...
}
```

두 가지의 규칙이 정의되었는데 첫 번째 규칙은 실행할 문장이 하나인 경우이고, 두 번째 규칙은 참이거나 거짓일 때 실행될 문장이 여러 개인 경우이다. if 뿐만 아니라, for, while, do 등에서도 실행될 문장이 여러 개인 경우 블록으로 묶어야 한다. 블록의 시작은 '{'을 사용하며 끝은 '}'을 사용한다. 예제 코드는 다음과 같다.

```c
#include <stdio.h>

void main()
{
  int a;
  scanf("%d", &a);
  if (a > 0) printf("%d\n", a*2);
  else printf("%d\n", a*3);

  if (a % 2) {
    printf("홀수\n");
    printf("%d\n", a%2);
  }
  else {
    printf("짝수\n");
```

```
    printf("%d\n", a/2);
  }
}
```

실행 결과는 다음과 같다.

```
3
6
홀수
1
```

또는

```
-4
-12
짝수
-2
```

위 코드에서 첫 번째 if 문은 양수이면 2 를 곱한 값을, 그렇지 않은 0 이거나 음수인 경우는 3 을 곱한 값을 출력한다. 두 번째 if 문에서는 "a % 2"를 사용했는데 어떤 수를 2로 나눈 나머지는 0 또는 1 이다. 조건에서는 0 은 무조건 거짓, 0 이 아닌 값은 무조건 참이므로 이 조건문을 만족하는 경우는 나머지가 1 인 경우이다. 따라서, 참이면 홀수가 된다. 그렇지 않은 경우는 짝수로 출력하였다.

if 와 else 를 조합하여 여러 조건을 비교하는 문장으로도 구성할 수 있다. 규칙은 다음과 같다.

```
if (조건 1) 실행 문장 1;
else if (조건 2) 실행 문장 2;
else if (조건 3) 실행 문장 3;
...
else if (조건 n) 실행 문장 n;
```

또는

```
if (조건 1) {
  실행 문장 1;
  실행 문장 2;
  ...
}
else if (조건 2) {
  실행 문장 3;
  실행 문장 4;
  ...
}
else if (조건 3) {
  실행 문장 5;
  실행 문장 6;
  ...
}
```

```
...
else {
  실행 문장 n-1;
  실행 문장 n;
  ...
}
```

if ~ else if ~ else 는 여러 조건에 대해 조건에 맞는 경우에 따라 각 문장을 실행할 수 있다. 위의 규칙에서 첫 번째는 역시 한 줄에 하나의 문장만 실행하고 끝나는 형식이다. else if () 는 이전 조건에 대해 거짓이 되는 경우 다시 다른 조건을 비교할 때 사용하게 된다. 위의 규칙에서 두 번째 형식은 실행할 문장이 여럿인 경우 블록으로 묶은 것이다. 예제 코드를 살펴보자.

```
#include <stdio.h>

void main()
{
  int a;
  scanf( "%d" , &a);
  if (a > 0) printf( "%d\n" , a*2);
  else printf( "%d\n" , a*3);

  if (a % 8 == 0) {
    printf( "8의 배수\n" );
    printf( "%d\n" , a%8);
  }
```

```
    else if (a % 4 == 0) {
      printf("4의 배수\n");
      printf("%d\n", a%4);
    }
    else if (a % 2 == 0) {
      printf("2의 배수\n");
      printf("%d\n", a%2);
    }
    else {
      printf("홀수\n");
      printf("%d\n", a/2);
    }
  }
```

실행 결과는 다음과 같다.

```
16
32
8의 배수
0
```

위 코드는 입력 받은 변수가 2, 4, 8 의 배수인지 또는 홀수 인지를 판별하는 코드이다. 모든 조건을 만족하지 못하는 경우 마지막 else 에서 처리된다. 이렇게 여러 조건에 대한 처리는 switch 문을 사용하여 표현할 수도 있다.

14 switch

조건이 많은 경우 일일이 else if 조건문을 쓰는 경우 코드가 상당히 길어 보이며 심지어 지저분해 보이기까지 한다. 여러 조건일 때 조건의 비교가 단순히 값만 비교하는 경우 switch 를 사용하여 표현할 수 있다. switch 의 작성 규칙은 다음과 같다.

```
switch (식 이나 변수) {
case 값1:
   …
   break;
case 값1:
   …
   break;
   …
default:
   …
}
```

switch 에서 사용하는 괄호에는 계산 식이나 변수가 올 수 있다. 계산 식인 경우 결과 값이 사용된다. 결과 값이나 변수에 저장된 값이 case 에서 제시하는 값과 동일한 값이 있는 경우 그 위치로 가서 실행된다. 예제 코드를 살펴보자.

```
#include <stdio.h>

void main()
{
```

```c
int a;
scanf( "%d" , &a);

switch (a) {
case 1:
  printf( "짜장면\n" );
  break;
case 2:
  printf( "짬뽕\n" );
  break;
case 3:
  printf( "우동\n" );
  break;
default:
  printf( "아무거나\n" );
}
}
```

실행결과는 다음과 같다.

```
2
짬뽕
```

또는

```
7
아무거나
```

위 코드는 a 의 값에 따라서 1 이면 "짜장면", 2 면 "짬뽕", 3 이면 "우동" 을 각각 출력한다. 1 ~ 3 의 값이 아닌 경우 default 로 가서 "아무거나" 가 출력된다. 만일 default 가 없다면 1 ~ 3 의 값이 아닌 경우 아무것도 출력되지 않는다. 그리고, 마지막 문장인 경우 멈추고 switch 를 빠져나갈 필요가 없으므로 break 를 사용하지 않아도 된다.

15 while

while 이란 단어의 뜻은 "~할 때까지" 이다. C 에서는 다음과 같은 형태로 사용된다.

```
while (조건) 실행 문장;
```

또는

```
while (조건) {
  실행 문장 1;
  실행 문장 2;
  ...
}
```

위와 같이 두 가지 형식으로 사용할 수 있다. while 다음에 사용된 괄호 내의 값이 참인 동안 반복하게 된다. 첫 번째 형식은 실행할 문장이 하나인 경우이고, 두 번째는 실행할 문장이 여러 개일 때 블록으로 묶은 경우이다. 다음 예제 코드를 살펴보자.

```c
#include <stdio.h>

void main()
{
  int a;
  scanf( "%d\n" , &a);

  while (a > 0) {
    printf( "%d\n" , a);
    a--;
  }
}
```

위 코드를 실행한 결과는 다음과 같다.

```
5
5
4
3
2
1
```

예제 코드는 정수를 하나 입력 받아서, 그 수가 0 보다 큰 동안 while 의 조건이 참이 되어 괄호 내의 문장을 계속 실행한다. 블록에서는 우선 현재 a 변수의 값을 출력하고 1 씩 감소시킨다. 1 씩 감소되다가 a 가 0 보다 크지 않아서 while 내의 조건을 거짓으로 만들게 되면 while 을 끝내고 빠져나가게 된다.

실행하여 0 을 대입하면 어떻게 될까?

```
0
```

아무 것도 출력되지 않고 프로그램이 종료된다. while 은 처음부터 거짓이라면 한번도 실행되지 않는다.

위의 코드에서 가장 중요한 문장은 "a--;" 이다. 1 씩 줄여서 결국 while 을 멈추게 빠져 나가게 하기 때문이다. 만일 조건을 항상 참이게 만들면 빠져 나가지 못하고 무한 반복에 빠지기 때문이다. 즉, 다음과 같은 경우이다.

```
#include <stdio.h>

void main()
{
    int a;
    scanf("%d\n", &a);

    while (a > 0) {
        printf("%d\n", a);
        a++;
```

```
    }
}
```

위 코드를 실행하면 어떻게 될까?

```
5
5
6
7
8
9
...
```

계속 출력되어 끝나지 않는다. 따라서, 거짓이 되어 멈출 수 있게 프로그램을 작성해야 한다.

16 do ~ while

이번에는 while 과 비슷하지만 do 가 먼저 나오는 형태를 살펴보자. 영어에서 do 는 사용법이 무지 많지만 그 중에서 ~하다" 라는 뜻이 있다. C 에서는 do 가 나오면 먼저 하라는 의미로 사용된다. do ~ while 은 다음과 같이 사용된다.

```
do {
    실행 문장 1;
```

```
    실행 문장 2;
    ...
} while (조건);
```

do ~ while 은 while 과 달리 한 문장일지라도 위와 같이 블록으로 표현해야 한다. 먼저 블록 내로 들어가서 각 실행 문장들을 모두 실행하고 나서 while 의 조건을 비교하여 참이면 다시 do 로 올라가고, 거짓이면 실행을 끝내게 된다. 다음 예제 코드를 살펴보자.

```c
#include <stdio.h>

void main()
{
    int a;
    scanf( "%d\n" , &a);

    do {
        printf( "%d\n" , a);
        a--;
    } while (a > 0);
}
```

실행 결과는 다음과 같다.

```
5
```

```
5
4
3
2
1
```

while 예제와 별다른 점을 찾을 수 없다. 그러나 처음부터 거짓인 경우는 while 과 결과가 달라진다. 다음과 같이 실행해보자.

```
-1
-1
```

실제 조건 (a > 0) 을 비교하면, 처음부터 거짓이지만 무조건 한번은 실행이 되므로 첫 번째 값인 -1 이 출력된다. -1 에서 1 이 다시 감소되어 -2 가 되므로 거짓이라서 while 을 종료한다. while 처럼 do ~ while 역시 무한 반복이 되지 않도록 주의해야 한다.

17 for

반복문 중의 마지막 for 에 대해서 살펴보자. for 문을 살펴보기 전에 간단한 while 을 먼저 살펴보자.

```
#include <stdio.h>
```

```
void main()
{
  // 초기 실행
  int a = 1;

  // 반복 조건
  while (a < 5) {
    printf( "%d\n" , a);

    // 반복 실행
    a++;
  }
}
```

실행결과는 다음과 같다.

```
1
2
3
4
```

위의 코드를 분석해보면 초기에 조건에 들어가는 변수 등의 시작 값을 넣는 초기 실행에 관련된 부분이 먼저 실행된다. 다음으로 조건을 비교하여 참이면 반복하게 하는 반복 조건문이 필요하다. 마지막으로 조건이 거짓이 될 때까지 변수 값을 변경하는 반복 실행 문으로 구성된다. 이러한 구조를 for 에서도 활용하는데 for 의 기본 형태는 다음과 같다.

```
for (초기 실행; 반복 조건; 반복 실행) 실행 문장;
```

또는

```
for (초기 실행; 반복 조건; 반복 실행) {
  실행 문장 1;
  실행 문장 2;
  ...
}
```

for 에서는 필요한 3 개의 문장을 ';' 으로 구분하여 작성한다. for 는 한 문장만 실행하는 형태와 여러 문장을 블록으로 실행하는 두 가지 형태로 구성된다. 이전에 while 로 작성되었던 코드를 for 로 그대로 옮겨보면 다음과 같아진다.

```
#include <stdio.h>

void main()
{
  int a;

  for (a = 1; a < 5; a++) printf( "%d\n" , a);
}
```

실행결과는 다음과 같다.

```
1
2
3
4
```

문장이 훨씬 간단해졌다. while 로 작성했던 코드랑 비교해보면 초기 실행문, 반복 조건문, 반복 실행문이 하나의 for 내에서 작성되므로 간단하게 표현할 수 있게 된다. for 와 while 중에서 어느 것이 좋거나 효율적이라기 보다는 자신이 좋아하는 형태의 반복문을 사용하면 된다.

18 break

break 는 이전에 switch 에서 사용했듯이 현재 상태를 멈추고 빠져나가는 역할을 한다. 사용법은 간단히 "break;" 해주면 된다. 다음 예제 코드를 살펴보자.

```
#include <stdio.h>

void main()
{
    int a;

    for (a = 1; a < 5; a++) {
        printf( "%d\n" , a);
        if (a == 3) break;
    }
}
```

위의 코드를 분석해보면, a 가 1 부터 4 까지 1 씩 증가하면서 반복하는 반복문인데, 내부에서 a 값이 3 이 되면 break 하도록 하였다. 위의 코드를 실행한 결과는 다음과 같다.

```
1
2
3
```

3 까지 출력하고 3 에서 for 문을 빠져나간 것이다. break 는 자신이 속한 switch, while, do ~ while, for 를 빠져나가게 된다. 다음으로 break 와는 반대되는 속성을 갖는 continue 를 살펴보자.

19 continue

continue 는 break 와 달리 현재 루프의 시작 위치로 돌아간다. 다음 예제를 살펴보자.

```c
#include <stdio.h>

void main()
{
    int a, count = 0;

    while (count < 5) {
        scanf("%d", &a);
        if (a <= 0) continue;
```

```
    count++;
  }
}
```

위의 코드는 0 이나 음수가 입력되면 다시 while 로 올라가는 continue 를 사용하였다. 양수가 입력되면 count 변수가 1 증가되어 양수의 총 개수가 5 개가 되면 while 을 벗어나게 된다. 실행 결과는 다음과 같다.

```
1
-1
-5
2
6
0
2
-30
3
```

실행 결과와 같이 입력한 양수의 개수가 5 개가 되지 못하면 계속 입력을 받게 된다.

20 배열

배열은 여러 개의 값을 다루거나 행렬을 다루는데 적합한 구조이다. 5 개의 값을 입력 받는 예제를 살펴보자.

```
#include <stdio.h>

void main()
{
  int a1, a2, a3, a4, a5;

  scanf( "%d" , &a1);
  scanf( "%d" , &a2);
  scanf( "%d" , &a3);
  scanf( "%d" , &a4);
  scanf( "%d" , &a5);
}
```

실행결과는 다음과 같다.

```
2
7
-4
55
21
```

5 개의 값을 입력 받으려면 위와 같이 5 개의 변수가 필요하다. 물론, 이 값을 받아서 다시 사용할 필요가 없다면 아래와 같이 for 를 활용하여 받을 수 있다.

```
#include <stdio.h>
```

```
void main()
{
    int a, i;

    for (i = 0; i < 5; i++) scanf( "%d" , &a);
}
```

실행결과는 다음과 같다.

```
2
7
-4
55
21
```

위의 코드는 다시 저장한 값을 다시 저장할 필요가 없을 경우에 사용할 수 있지만, 저장한 값을 다시 사용하는 경우에는 각각의 변수에 저장해야 한다. 입력 받을 5 개의 값을 다시 출력하는 경우는 다음과 같이 작성해야 한다.

```
#include <stdio.h>

void main()
{
    int a1, a2, a3, a4, a5;
```

```
    scanf( "%d" , &a1);
    scanf( "%d" , &a2);
    scanf( "%d" , &a3);
    scanf( "%d" , &a4);
    scanf( "%d" , &a5);

    printf( "%d\n" , a1);
    printf( "%d\n" , a2);
    printf( "%d\n" , a3);
    printf( "%d\n" , a4);
    printf( "%d\n" , a5);
}
```

실행결과는 다음과 같다.

```
2
7
-4
55
21
2
7
-4
55
21
```

저장할 값이 더 많아진다면 변수는 더 많이 필요하게 될 것이다. 이렇게 동일한 형의 자료가 저장될 때는 배열을 사용할 수 있다. 정수 5 개를 저장하는 배열은 다음과 같이 선언할 수 있다.

int a[5];

위와 같이 정의하면 a[0] 부터 a[4] 까지 5 개의 원소를 갖는 배열이 정의된다. 그렇다면 배열로 입력받고 출력하는 코드는 다음과 같이 작성할 수 있다.

```
#include <stdio.h>

void main()
{
  int i, a[5];

  for (i = 0; i < 5; i++) scanf( "%d" , &a[i]);

  for (i = 0; i < 5; i++) printf( "%d " , a[i]);
  printf( "\n" );
}
```

실행결과는 다음과 같다.

```
2
7
-4
```

```
55
21
2
7
-4
55
21
```

배열을 사용하면 for 문을 활용하여 간단히 작성할 수 있게 된다. for 에서 반복되는 i 의 값은 0 ~ 4 까지 값이 변경된다. i 값이 변하면 a[0] 부터 a[4] 까지 반복되면서 읽고, 다시 반복하며 출력하게 된다.

이번에는 배열을 초기화하는 방법에 대해서 알아보자. 코드를 통해서 이해하는 것이 도움이 될 것이다.

```
#include <stdio.h>

void main()
{
  int i, a[5] = {1, 2, 3, 4, 5};
  int b[5] = {7, 8}, c[5];

  c[0] = 1;
  c[1] = 2;
  for (i = 0; i < 5; i++) printf( "%d " , a[i]);
  printf( "\n" );
```

```
    for (i = 0; i < 5; i++) printf( "%d " , b[i]);
    printf( "\n" );
    for (i = 0; i < 5; i++) printf( "%d " , c[i]);
    printf( "\n" );
}
```

a 배열은 5 개의 값이 모두 입력되었으므로 차례대로 a[0] = 1, a[1] = 2, a[2] = 3, a[3] = 4, a[4] = 5 로 대입된다. b 배열은 2 개의 값만 대입되었으므로 b[0] = 7, b[1] = 8 이 대입되고 나머지인 b[2] ~ b[4] 는 모두 0 으로 초기화된다. c 배열은 처음 배열을 정의할 때 값을 대입하지 않고 추후 대입하였다. 이렇게 처음에 값을 대입하지 않으면 모두 이상한 값으로 초기화되게 된다. 실제로는 메모리에 남아 있던 값을 이용하는 것으로 어떠한 값도 대입되지 않아서, 원래 있던 값이다. 그리고, 밑에 코드로 c[0] = 1, c[1] = 2 로 값이 변경하고 나머지는 값을 대입하지 않았다. 이렇게 출력하면 결과는 다음과 같다.

```
1 2 3 4 5
7 8 0 0 0
1 2 -858993460 -858993460 -858993460
```

위와 같이 c 배열의 마지막 3 개의 원소는 원래 들어 있던 값이 출력된다.

21 다차원 배열

배열은 행렬과 같이 2 차원 형식으로 사용할 수 있으며, 육면체와 같은 3차원 또는 그 이상의 차원도 정의해서 사용할 수 있다. 주로 1 차원 또는 2 차원을 사용하며, 가끔 3차원 이상의 배열을 사용하기도 한다. 우선 2 차원 배열 형식부터 살펴보자.

int a[2][3];

위와 같이 정의하면 2 행 3 열 행렬과 같은 구조라고 생각하면 되겠다. 즉, 다음과 같은 구조를 갖는다.

a[0][0]	a[0][1]	a[0][2]
a[1][0]	a[1][1]	a[1][2]

구조에서 a[i][j] 형식으로 표현하면 i 가 증가하면 아래로 내려가며, j 가 증가하면 오른쪽으로 이동하게 된다. 2차원 배열을 입력하고 출력하는 예제를 살펴보자.

```
#include <stdio.h>

void main()
{
  int i, j, a[2][3];

  for (i = 0; i < 2; i++) {
    for (j = 0; j < 3; j++) scanf( "%d" , &a[i][j]);
  }
```

```
  for (i = 0; i < 2; i++) {
    for (j = 0; j < 3; j++) printf( "%d " , a[i][j]);
    printf( "₩n" );
  }
}
```

실행결과는 다음과 같다.

```
2 7 -4
55 21 2
2 7 -4
55 21 2
```

위 코드를 살펴보면, 2 차원 배열을 a[i][j] 와 같이 사용한다. for 는 i 가 먼저 변하고, 그 내부에서 다시 for 를 사용하여 j 를 변화시키며 2 차원 배열에 접근하게 된다. 위와 같은 형태로 2차원 배열을 사용하는 기본 형이다. 가끔 3 차원 배열도 사용되니 3차원 예제도 같이 살펴보자.

```
#include <stdio.h>

void main()
{
  int i, j, k, a[2][3][4];

  for (i = 0; i < 2; i++) {
```

```
  for (j = 0; j < 3; j++) {
    for (k = 0; k < 4; k++) scanf( "%d" , &a[i][j][k]);
  }
}

for (i = 0; i < 2; i++) {
  for (j = 0; j < 3; j++) {
    for (k = 0; k < 4; k++) printf( "%d " , a[i][j][k]);
    printf( "\n" );
  }
}
```

실행결과는 다음과 같다.

```
1 2 3 4
5 6 7 8
9 10 11 12
13 14 15 16
17 18 19 20
21 22 23 24
1 2 3 4
5 6 7 8
9 10 11 12
13 14 15 16
17 18 19 20
```

```
21 22 23 24
```

2차원 배열에서 for 가 하나 더 늘어나서 사용된다.

22 상수 정의

변수는 값을 저장했다가 다른 값으로 바꿀 수 있지만, 상수는 한번 지정한 값을 바꿀 수 없다. 상수 정의는 두 가지 형식으로 표현할 수 있다. 첫 번째 형식은 변수 앞에 "const"를 붙여서 상수를 만드는 것이다. 다음 예제 코드를 살펴보자.

```
#include <stdio.h>

void main()
{
  const int a = 3;
  int b = 4;

  printf( "%d %d\n" , a, b);
  b = 5;
  printf( "%d %d\n" , a, b);
  // a = 6; ← 에러를 유발한다.
}
```

실행결과는 다음과 같다.

```
3 4
3 5
```

const 가 붙은 a 는 상수로서 값을 한번 지정하면 값을 바꿀 수 없게 된다. b 는 정수 변수로서 값을 마음대로 바꿀 수 있다. 상수를 정의하는 또 다른 방법을 "#define" 을 사용하는 것이다. #define 으로 정의하는 상수 이름은 문법상 에러를 발생시키지는 않지만 소문자보다는 대문자를 주로 사용한다. 예제 코드는 다음과 같다.

```c
#include <stdio.h>

#define PI  3.141592

void main()
{
  float a;

  printf("원의 반지름은? ");
  scanf("%f", &a);
  printf("원의 넓이는 = %d\n", a*a*PI);
}
```

실행결과는 다음과 같다.

```
원의 반지름은? 10
314.1592
```

#define 은 정의할 상수를 먼저 적어주고 칸을 띄워서 저장할 값을 명시해주게 됩니다. #define 은 const 와 달리 정의할 값이 어떤 데이터 형(int, float 등)인지를 나타내지 않습니다.

23 문자열

C++ 에서는 간단히 string 을 사용할 수 있지만, 지역 예선 문제에서는 string 을 사용하지 않고 주로 char 배열을 사용하여 문자열을 표현한다. char 의 배열을 사용한 문자열 표현 방식은 C 언어에서 주로 사용하는 것이다. 문자열을 표현하는 방법은 다음과 같다.

char str[10] = "abc";

a	b	c	0						

위와 같이 배열에 차례대로 'a', 'b', 'c' 가 입력되고 마지막은 0 이 저장된다. 문자열 배열은 다른 일반 변수와 달리 값을 바로 대입할 수 없고 문자열을 복사하는 strcpy 함수를 이용해서 값을 바꾸어야 한다.

strcpy(str, "xy");

위의 코드는 이전의 str 배열에 "xy" 문자열을 대입하는 것이다. 배열의 값은 다음과 같이 바뀐다.

x	y	0	0						

현재 문자열에 다른 문자열을 더하려면 strcat 함수를 사용해야 한다. 사용법은 strcpy 와 비슷하다.

strcat(str, "add");

배열의 내용은 다음과 같이 변경된다.

| x | y | a | d | d | 0 | | | |

이전의 문자열의 값 다음에 덧붙여진다. 할당된 배열의 크기를 넘지 않도록 주의하도록 하자. 두 문자열의 값이 같은지 비교하려면 strcmp 를 사용해야 한다. 사용법은 다음과 같다.

if (strcmp(str, "xyadd") == 0) printf("같다\Wn");
else printf("다르다\Wn");

strcmp 는 비교 대상인 두 문자열이 같은 경우 0 이 되고, 같지 않으면 0 이 아닌 값이 된다. 문자열의 길이는 strlen 함수를 이용하여 알아낼 수 있다. 사용법은 다음과 같다.

printf("%d\Wn", strlen(str));

strlen 은 0 이전의 개수를 세는 함수이다. strcpy, strcat, strcmp, strlen 은 문자열에 관련된 함수로서 "string.h" 를 #include 해야 한다. 지금까지 사용한 문자열 함수에 관련된 전체 코드를 살펴보자.

```
#include <stdio.h>
#include <string.h>
```

```c
void main()
{
    char a[10] =  "abc" , b[10];
    int i;

    printf( "문자열 입력  = " );
    scanf( "%s" , b);

    strcat(a, b);
    printf( "문자열 덧셈 = %s\n" , a);

    strcpy(a, b);
    printf( "문자열 복사 = %s\n" , a);

    if (strcmp(a, b) == 0) printf( "a 와 b 는 같다\n" );
    else printf( "a 와 b 는 다르다\n" );

    printf( "a 의 길이는 %d 이다\n" , strlen(a));

    for (i = 0; i < strlen(a); i++) printf( "%c\n" , a[i]);
}
```

실행결과는 다음과 같다.

```
문자열 입력  = super
```

```
문자열 덧셈 = abcsuper
문자열 복사 = super
a 와 b 는 같다
a 의 길이는 5 이다
s
u
p
e
r
```

위 코드에서 문자열을 사용하는 배열을 입력받거나 출력할 때 포맷으로 '%s' 를 사용하였다. 문자열은 문자 배열을 사용하므로 마지막 for 를 활용하여 저장된 각 배열의 원소는 문자로서 접근할 수 있게 된다. 따라서, '%c' 를 사용하여 문자 하나씩 출력하였다.

24 문자 함수

좀전에는 문자열과 문자열에 관련된 함수들에 대해서 살펴보았다. 이번에는 문자 하나에 적용할 수 있는 함수들을 알아보자. 일단 해당 문자가 어떤 문자인지 판별하는 함수에 대해서 살펴보자.

함수	기능
islower(c)	c 문자가 소문자면, true
isupper(c)	c 문자가 대문자면, true
isalpha(c)	c 문자가 알파벳이면, true

isdigit(c)	c 문자가 숫자면, true
isxdigit(c)	c 문자가 16진수에 포함되는 문자면, true
isalnum(c)	c 문자가 숫자나 알파벳이면, true
ispunct(c)	c 문자가 '?', '.' 등 문장부호이면, true
isspace(c)	c 문자가 공백문자면, true

위와 같이 전달된 문자가 해당 문자이면 true 가 되고 그렇지 않으면 false 가 되는 판별 함수이다. "ctype.h" 를 #include 해야 한다. 예제 코드는 다음과 같다.

```
#include <stdio.h>
#include <string.h>
#include <ctype.h>

void main()
{
  char a[10] = "abcXYZ123!@# .?" ;
  int i;

  for (i = 0; i < strlen(a); i++) {
    printf( "%c 문자는 " , a[i]);
    if (isupper(a[i])) printf( "대문자 " );
    if (islower(a[i])) printf( "소문자 " );
    if (isalpha(a[i])) printf( "영문자 " );
    if (isdigit(a[i])) printf( "숫자 " );
    if (isxdigit(a[i])) printf( "16진수 " );
    if (ispunct(a[i])) printf( "문장부호 " );
    if (isspace(a[i])) printf( "공백 " );
```

```
    printf( "Wn" );
  }
}
```

실행결과는 다음과 같다.

```
a 문자는 소문자 영문자 16 진수
b 문자는 소문자 영문자 16 진수
c 문자는 소문자 영문자 16 진수
X 문자는 대문자 영문자
Y 문자는 대문자 영문자
Z 문자는 대문자 영문자
1 문자는 숫자 16 진수
2 문자는 숫자 16 진수
3 문자는 숫자 16 진수
! 문자는 문장부호
@ 문자는 문장부호
# 문자는 문장부호
  문자는 공백
  문자는 공백
. 문자는 문장부호
? 문자는 문장부호
```

16 진수인지를 판별하는 isxdigit 는 문자가 '0' ~ '9' 이거나 'a' ~ 'f' 이면 참이 된다. 다음으로 문자를 변환하는 함수를 살펴보다.

함수	기능
tolower(c)	c 문자가 대문자면, 소문자로 변환
toupper(c)	c 문자가 소문자면, 대문자로 변환

위 2 개의 함수는 각각 문자를 소문자나 대문자로 변환해주는 함수이다. 다음 예제를 살펴보자.

```c
#include <stdio.h>
#include <string.h>
#include <ctype.h>

void main()
{
  char a[10] = "abcXYZ";
  int i;

  for (i = 0; i < strlen(a); i++) {
    if (isupper(a[i])) printf("%c", tolower(a[i]));
    else printf("%c", a[i]);
  }
  printf("\n");

  for (i = 0; i < strlen(a); i++) {
    if (islower(a[i])) printf("%c", toupper(a[i]));
    else printf("%c", a[i]);
  }
  printf("\n");
```

```
}
```

실행결과는 다음과 같다.

```
abcxyz
ABCXYZ
```

25 함수 정의

C에서 제공해주는 함수 말고 자신이 직접 함수를 만들어 사용할 수도 있다. 함수의 형태는 다음과 같다.

```
리턴타입 함수이름(변수 목록);
```

리턴 타입에는 함수가 마지막에 끝날 때 돌려주는 데이터의 형식을 적어준다. 변수 목록에는 함수에 대입되어 사용할 변수들을 적어주면 되겠다. 함수를 정의하는 예제를 살펴보자.

```c
#include <stdio.h>

int add(int a, int b)
{
    int c = a+b;
```

```
    return c;
}

void print(char s[]);
void sum();

void main()
{
  int x, y;
  char str[10] = "abc";

  printf("덧셈할 두 수 : ");
  scanf("%d %d", &x, &y);
  printf("합계 = %d\n", add(x, y));

  print(str);

  sum();
}

void print(char s[])
{
  printf("%s\n", s);
}

void sum()
```

```
{
  int i, total = 0;

  for (i = 1; i <= 10; i++) {
    total += i;
  }

  printf("1 ~ 10 의 합 = %d\n", total);
}
```

실행결과는 다음과 같다.

```
덧셈할 두 수 : 3 5
합계 = 8
abc
1 ~ 10 의 합 = 55
```

위 코드를 살펴보면, add 함수는 main 함수보다 위에 정의되어 있으므로 따로 선언하지 않더라도 사용할 수 있다. 그러나, print 와 sum 함수는 main 보다 아래에 정의되어 있으므로 main 위에 함수와 동일한 형태로 선언해주어야 한다.

add 함수는 정수 2 개의 값을 받아서 더한 결과인 정수를 리턴하게 된다. 이때 리턴하는 값이 정수이므로 함수 앞에 리턴타입으로 int 를 사용하였다. 리턴하는 값이 없는 print 나 sum 의 경우는 void 로 정의하였다.

print 함수는 문자열을 입력받아서 사용하였다. 다른 변수와 달리 배열이나 문자열인 경우는 호출하는 곳에서는 배열의 이름이나 문자열 변수 자체를 넣어주고 (print(str)) 받는 곳에서는 배열 형식으로 (print(char s[])) 받아서 사용하게 된다.

sum 함수는 변수를 입력받지 않고 사용하는 함수이므로, 변수 목록을 비워두었다. 더러는 "void"를 넣기도 한다. sum 함수는 내부에서 1에서 10까지 합을 구하여 출력해주는 함수이다.

26 재귀 함수

재귀 함수는 자기 자신을 다시 호출하는 함수를 말한다. i 번째의 값이 이전의 값을 이용하여 만들 수 있는 경우 주로 사용한다. 다시 말해서, 현재의 값을 계산하기 전에 이전의 결과를 이용해야 하거나, 순차적으로 해야하는 일을 반복적으로 구성하는 경우에 사용할 수 있다. 예를 들어, 팩토리얼의 일반식을 살펴보자.

$$f(x) = \begin{cases} 1, & x < 2 \\ x \times f(x-1), & x \geq 2 \end{cases}$$

위와 같이 일반화된 식에서 x 의 값이 2 보다 작으면 결과는 1 이 된다. 즉, 0! 이나 1! 은 1 이다. x 가 2 이상이면, 이전 결과 f(x-1) 과 x 값을 곱하여 구한다. 코드로 구현해보면 다음과 같다.

```
int factorial(int x)
{
  if (x < 2) return 1;
  else return x*factorial(x-1);
```

```
        }
```

factorial(5) 를 호출하면 다음과 같이 전개 된다.

factorial(5) = 5*factorial(4)
          = 5*(4*factorial(3))
          = 5*(4*(3*factorial(2)))
          = 5*(4*(3*(2*factorial(1))))
          = 5*(4*(3*(2* 1)))

또 다른 예로는 피보나치 수열에서 i 번째 피보나치 수를 구하는 함수를 만들어 볼 수 있다. 피보나치 수열은 다음과 같다.

1 1 2 3 5 8 13 21 …

처음 두 수는 1 이고, 세 번째 수부터는 그 앞의 두 수를 더해서 구할 수 있다. 즉 일반식으로 나타내면 다음과 같다.

$$f(x) = \begin{cases} 1, & x < 3 \\ f(x-1) + f(x-2), & x \geq 3 \end{cases}$$

위의 식을 코드로 구현하면 다음과 같다.

```
int fibonacci(int x)
{
  if (x < 3) return 1;
  else return fibonacci(x-1)*fibonacci(x-2);
}
```

이와 같이 자기 자신을 다시 부르는 재귀 함수는 코드에서 종종 사용이 된다.

27 문법 정리

지금까지 정보 올림피아드 필기 예선을 치르기 위해서 반드시 알아야 될 C 언어 문법을 간략히 요약하여 설명하였다. 실제 문제를 풀 때에는 앞 부분의 설명을 참고하면서 필기 문제에 나오는 문법을 이해하도록 하자.

Chapter 2
실전문제

지금까지 정보 올림피아드 필기 예선을 치르기 위해서 반드시 알아야 될 C 언어 문법을 간략히 요약하여 설명하였다. 실제 문제를 풀 때에는 앞 부분의 문법 설명을 참고하면서 필기 문제에 나오는 문법을 이해하도록 하자.

01 자료 구조 활용 문제

주로 Queue 와 Stack 에서 필요한 Pop(), Push() 을 활용하는 문제가 가끔 출제된다. 우선 Queue 와 Stack 구조에 대해서 살펴보자.

02 Queue

Queue 는 다음과 같은 구조로 구성된다.

데이터가 뒤에서 들어오고(Push), 앞으로 나가는(Pop) 구조로 생각할 수 있다. 위의 그림은 1, 2, 3 이 입력된 상태이다. 들어온 차례를 유지한다. 그리고 하나를 제거하게 되면 1 이 제거되어 다음과 같은 상태가 된다.

따라서, 먼저 들어온 데이터가 먼저 나가는 FIFO(First In First Out) 구조를 갖는다. Push() 를 Queue 에 데이터를 넣는 함수, Pop() 을 Queue 에서 데이터를 제거하는 함수라고 하자. 다음 코드의 출력 결과를 선택하여라.

```
#include <stdio.h>

void main()
{
```

```
    char s[6] = "LOGIC";
    char r[6] = "";
    int i;

    for (i = 0; i < 5; i++)
        Push(s[i]);

    for ( i = 0; i < 5; i++ )
        r[i] = Pop();

    printf( "%s\n", r );
}
```

① LOGIC ② logic ③ CIGOL ④ QUEUE ⑤ GICLO

위 코드는 Queue 에 for 를 사용하여 다섯 개의 문자를 넣는 것이다. Queue 는 차례대로 넣으므로 다음과 같이 Push 된다.

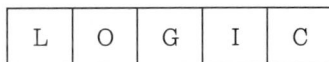

위와 같이 입력이 된 상태에서 for 를 사용하여 연속으로 다섯 번 Pop 한 값을 r 배열에 차례대로 저장하고 r 배열의 값을 출력한다. Pop 한 값을 저장하면 다음과 같다.

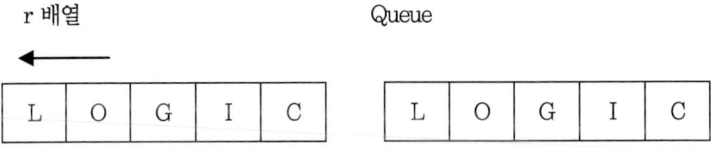

Pop 된 값이 차례대로 저장되므로 원래의 위치 그대로 유지하게 된다. 따라서, 출력결과는 "LOGIC" 가 된다.

03 Stack

Stack 는 다음과 같은 구조로 구성된다.

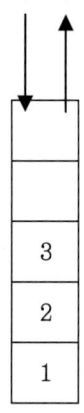

Stack 구조는 그림과 같이 구성이 되며, 위에서 데이터가 들어오고(Push), 위로 데이터가 다시 나가는(Pop) 구조로 되어있다. 위의 그림은 "1, 2, 3" 이 차례대로 들어온 상태이다. 여기서, 한번 내보면 다음과 같이 상태가 변한다.

제일 위에 있던 3 이 빠져나가게 된다. 따라서, 마지막에 입력된 값이 가장 먼저 빠져나가는 LIFO(Last In First Out) 구조 또는 FILO(First In Last Out) 구조라고 한다. Stack 에서는 데이터를 넣는 함수 Push() 와 데이터를 제거하는 Pop() 함수로 구성될 수 있다. 이전의 Queue 에서 사용했던 코드를 그대로 활용하여 출력결과가 어떻게 달라지는지 알아보자. 다음 코드의 결과는 어떻게 될까?

```c
#include <stdio.h>

void main()
{
    char s[6] = "LOGIC";
    char r[6] = "";
    int i;

    for (i = 0; i < 5; i++)
        Push(s[i]);

    for ( i = 0; i < 5; i++ )
        r[i] = Pop();

    printf( "%s\n", r );
}
```

① LOGIC ② logic ③ CIGOL ④ QUEUE ⑤ GICLO

코드에서 5 개의 문자를 차례대로 Push() 하면 구조가 다음과 같이 변경된다.

```
C
I
G
O
L
```

위와 같이 삽입된다. 즉, 아래서부터 위로 거꾸로 들어간다. 여기서 문자를 하나 Pop() 하게 되면 다음과 같이 구조가 바뀐다.

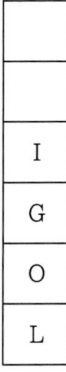

제일 위의 'C' 가 빠져 나가고, 나머지는 역시 아래에서 위로 쌓여 있게 된다. 차례대로 Pop() 하게 되면 결과는 "CIGOL" 이 된다.

04 단순 수식 문제

수식의 값의 결과를 계산하는 문제이거나, 수식의 우선순위에 따라 계산된 결과를 묻는 문제가 주어진다. 여러 형식을 통해서 문제를 풀어보도록 하자. 전체 코드 보다는 변수 선언이나 main 등의 선언이 빠지고 핵심 코드만 추출되어 문제로 제시된다.

[문제 1]

다음 코드의 결과는?

```
printf( "%d", 12+34*56-7 );
```

① 1234567   ② 3129   ③ 95   ④ 1897   ⑤ 1256

위의 결과는 일반적인 *, /, +, - 의 사칙 연산으로 구성되어 있으므로, 곱셈(*)과 나눗셈(/)은 우선순위가 같으며 덧셈(+) 이나 뺄셈(-) 보다 우선순위가 높다. 덧셈과 뺄셈 간에는 우선순위가 같다. 우선순위가 같을 경우에는 앞에서부터 차례대로 연산하도록 한다.

((12+(34*56))-7)

위의 식과 같이 괄호가 묶여진 차례대로 계산된다. 제일 먼저 곱셈이 계산되고, 덧셈과 뺄셈은 앞에서부터 차례대로 계산된다.

[문제 2]

다음 코드의 a 의 값은?

```
s = 0;
for ( i = 6; i <= 10; i++ )
  s += i;

a = s / 5;
```

① 6 ② 7 ③ 8 ④ 9 ⑤ 10

위 코드에서 for 문의 i 는 6 ~ 10 까지 변경된다. 그리고, for 내에서는 s += i 가 실행되는데, s 의 초기값이 0 이다. 따라서, 6 부터 10 사이의 값이 전부 s 에 더해진다.

s = 0 + 6 + 7 + 8 + 9 + 10 = 40
a = s / 5 = 8

위와 같이 전체의 합계를 s 에 저장하고, 평균을 구하는 문제이다.

[문제 3]

다음 코드의 a 의 값은?

```
a = 3;
for ( i = 1; i <= 10; i++ )
  a++;
```

① 10 ② 11 ③ 12 ④ 13 ⑤ 14

이 코드는 for 를 활용하여 i 를 1 부터 10 까지 증가시킨다. 즉, 10 번 반복하면서 a 를 1 씩 증가시킨다. 주의해야 할 점은 a 를 3 으로 초기화하고 시작한다는 것이다. 따라서 3 을 1 씩 10 번 증가시키므로 13 이 된다.

[문제 4]

다음 코드의 a 의 값은?

```
a = 1;

for (i = 0; i <= 10; i++)
  a = a * i;
```

① 10 ② 100 ③ 5050 ④ 3628800 ⑤ 0

이 문제에서는 for 를 0 부터 3 까지 1 씩 증가한다. 그리고, i 값을 a 에 계속적으로 곱해주는 것이다. 곱을 구하므로 a 의 초기값으로 1 로 세팅한 것까지는 제대로 되어있다. 문제는 0 부터 곱하는 것이다. 처음에 0 과 곱하여 결과가 0 이 된 다음에 어떠한 수를 곱하더라도 계속 0으로 남게 된다. 따라서, 결과는 0 이 된다.

[문제 5]

다음 코드의 sum 의 값은?

```
i = 0;
sum = 0;

while ( i < 10 ){
  i++;
  if ( i % 2 == 0 ) sum += i;
  else sum -= i;
}
```

① 55   ② -55   ③ 10   ④ 5   ⑤ -5

while 문은 i 가 10 보다 작은 경우에 대해 반복하므로, 0 부터 9 까지 반복한다. while 문 내에서 i 를 1 증가시키고 사용하므로 실제로는 1 ~ 10 의 값이 사용된다.

if 문에서는 i 를 2로 나눈 나머지가 0 이면 sum 에 i 를 더하고, 나머지가 0 이 아니면 sum 에 i 를 뺀다. 따라서, 짝수면 빼고, 홀수면 더하여 전체 합을 구하는 것이다. 즉, 다음과 같다.

sum = −1 + 2 − 3 + 4 − 5 + 6 − 7 + 8 − 9 + 10 = 5

05 반복 문제

주로 for 문이나 while 문을 사용하여 반복한 이후 바뀐 결과를 출력하는 문제들로 구성된다. 문제들을 살펴보자.

[문제 1]

s의 값은?

```
s = 0;
for ( i = 1; i <= 3; i++ )
  for ( j = 1; j <= i; j++ )
    s += i + j;
```

① 6 ② 12 ③ 20 ④ 24 ⑤ 30

첫 번째 for 에서는 i 가 1 ~ 3 까지 반복된다. 두 번째 for 에서는 j 가 1 부터 i 까지 1씩 증가하면서 반복된다. 정리해보면 다음과 같다.

I	j
1	1
2	1, 2
3	1, 2, 3

두 개의 이중 for 에서는 i 와 j 의 합을 s 에 계속 더해준다. 따라서, s 에는 다음과 같이 더해진다.

```
s = 0
s += 1+1 :   2
s += 2+1 :   5
s += 2+2 :   9
s += 3+1 :  13
s += 3+2 :  18
s += 3+3 :  24
```

따라서, s 에는 최종적으로 24 가 입력된다.

[문제 2]

c 의 값은?

```
c = 0;
for (i = 9; i <= 57; i += 7)
    c++;
```

① 5 ② 6 ③ 7 ④ 9 ⑤ 57

이 문제는 for 가 돌아가는 동안 c 를 1 씩 증가시키는 문제이다. for 가 몇번 돌아가는지 계산해야 한다. 제일 처음 i = 9 로 시작하여 7 씩 증가된다. 그래서, i 값이 57 보다 작거나 같은 동안 반복된다. 그럼 증가되는 수를 차례대로 적어보자.

```
9
16
23
30
37
44
51
```

위와 같이 증가된다. 마지막으로 51 에서 7 이 증가되면 58 이 되어 범위를 넘어가게 된다. 따라서, c 는 7 번 증가하여 7 이 된다.

[문제 3]

c 의 값은?

```
c = 1;

for (i = 1; i <= 1000; i++) {
  if  (c < 10) {
    c *= 2;
  }
```

```
  else {
    c -= 10;
  }
}
```

① 1 ② 2 ③ 4 ④ 8 ⑤ 10

이 문제에서 for 는 1 부터 1000 까지 1000 번 반복된다. c 의 값의 변화에 따라 c 가 계산된다. 일단 순차적으로 변하는 값을 적어보면 다음과 같다.

```
1
2
4
8
16  : 10 보다 커서 c -= 10 적용
6
12  : 10 보다 커서 c -= 10 적용
2   : cycle 이 생기는 부분
4
8
...
```

위와 같이 c 의 값이 변해간다. 10 보다 작은 경우는 계속 2 배씩 증가된다. 10 을 넘어가면 10이 빼진다. 위의 수들을 살펴보면, 12 다음에 다시 2 가 되어 일정 수열이 반복되는 것을 알 수 있다. 즉, 다음과 같이 표현할 수 있다.

1, (2, 4, 8, 16, 6, 12), (2, 4, 8, 16, 6, 12), (2, 4, 8, 16, 6, 12), …

for 문이 1000 번을 반복하게 된다. 처음 1 을 한번 제거하면 999 번을 더 반복하게 된다. 999 를 6 으로 나누면 3 이 남는다. 따라서, 반복되는 수열에서 세 번째 수인 8 로 끝나게 된다.

[문제 4]

c 의 값은?

```
#include <stdio.h>

void main ()
{
  int c = 0;
  int i = 0;

  while (i < 10) {
    i++;
    c *= i;
  }
  printf("%d\n", c);
}
```

① -10 ② 0 ③ 10 ④ 362880 ⑤ 3628800

여기서는 i 가 0 부터 9 까지 반복된다. while 내에서 i 가 1 증가되어 사용되므로 실제로는 1 부터 10 까지의 수가 사용된다. c *= i 문장은 c 와 i 를 곱하여 다시 c 에 넣는 문장이다. 그런데, 처음에 c 가 0 으로 초기화되어 있다. 0 에 어떤 수를 계속 곱하더라도 결과는 0 이므로 마지막 결과는 0 이 된다. 만일 c 가 1 이였다면 결과는 1 ~ 10 까지의 곱이 될 것이다.

[문제 5]

c 의 값은?

```
for ( i = 1; i <= 10; i++ )
  a[i] = i % 5;

c = a[1];

for ( i = 2; i <= 10; i++ )
  if ( a[i] > c ) c = a[i];

printf( "%d\n", c );
```

① 0 ② 2 ③ 4 ④ 5 ⑤ 10

이 문제는 우선 a 배열을 사용하여 a[1] ~ a[10] 의 값을 초기화 한다.

a[i] = i % 5;

위의 코드대로, 1 부터 10 까지 값을 대입해보면 다음과 같이 저장된다.

a[1]	a[2]	a[3]	a[4]	a[5]	a[6]	a[7]	a[8]	a[9]	a[10]
1	2	3	4	0	1	2	3	4	0

이런 문제를 풀 때는 여백에 위와 같이 표를 그려서 실제 값을 넣어보면서 푸는 것도 좋은 방법이다.

배열에는 1 ~ 10 의 값이 5 로 나눈 나머지 값으로 입력된다. 다음으로 c 의 값에는 a[1] 이 입력되어 1 로 초기화된다.

c = 1

다음 코드에서는 for 를 돌면서 2 부터 10 까지의 a 배열의 각 원소와 c 를 비교하여 c 보다 더 큰 값이 있는 경우 c 에 저장된다. 즉, 2 부터 10 중에 가장 큰 값이 c 에 저장된다. 따라서, 마지막에 저장된 c 의 값이 가장 큰 값인 4 가 된다.

[문제 6]

c 의 값은?

```
#include <stdio.h>
```

```
#define N 10

void main()
{
  int a[N] = {5, 2, 7, 3, 1, 9, 6, 4, 5, 8};
  int i;
  int sum = 0, c;

  for ( i = 0; i < 10; i++ )
    sum += a[i];
  c = sum / N;
  printf( "%d\n", c );
}
```

① 50 ② 4 ③ 5 ④ 6 ⑤ 10

위 문제는 배열을 사용하였다. N 이 10 으로 정의되었으므로, 배열은 총 10 개의 원소를 갖는 배열이며 각 원소의 값은 위에서 정의한대로 {5, 2, 7, 3, 1, 9, 6, 4, 5, 8}의 값을 갖는다.

for 는 배열의 각 원소를 하나씩 방문하도록 0 ~ 9 까지 돌도록 한다. 이때, 각 원소의 값을 sum 에 더해주므로 sum 에는 원소들의 총합이 구해진다. 원소에는 1 ~ 9 의 수와 5 가 하나 더 포함되어 있으므로 총합은 50 이 된다. c 에는 총합을 다시 10으로 나눈 값으로 구해 넣으니, 평균인 5 가 얻어진다.

[문제 7]

다음과 코드에서 출력되는 "*" 의 개수는?

```c
#include <stdio.h>

void main()
{
  int i, j, a[10];

  for (i = 1; i <= 10; i++)
    a[i] = 10 - i;

  for (i = 1; i <= 10; i++) {
    for (j = 1; j <= a[i]; j++)
      printf( "*" );

    printf( "\n" );
  }
}
```

① 1 ② 10 ③ 45 ④ 55 ⑤ 100

a 배열에는 첫 번째 for 문에서 10 - i 값을 각각 대입하는데 9 부터 0 까지 거꾸로 대입된다. 다음 이중 for 문에서 "*" 를 출력하는데 1 부터 a[i] 의 값까지 출력한다.

배열의 원소들이 0 ~ 9 로 구성되어 있으므로 '*' 의 개수도 역시 동일한 개수만큼 출력된다.

따라서, 0 ~ 9 까지의 합계 만큼 출력되므로 총 45 개가 출력된다.

[문제 8]

다음과 코드의 실행 결과는?

```
#include <stdio.h>

void main()
{
  int n = 3;
  int i, j, a = 0;

  for (i = 1; i <= n; i++) {
    for (j = 1; j <= n; j++) {
      if (i < j || i + j > n) a++;
    }
  }

  printf("%d\n", a);
}
```

① 1 ② 10 ③ 45 ④ 55 ⑤ 100

이 코드는 조건에 맞는 총 개수를 세는 문제이다. 첫 번째 for 에서 i 는 1 ~ 3 까지 반복된다. j 도 역시 1 ~ 3 까지 반복된다. 조건문은 i < j 이거나 i+j > 3 이면 a 를 증가시킨다.

첫 번째 조건인 i < j 가 만족되는 경우는 (i, j) 형식으로 표현하자면 (1, 2), (1, 3), (2, 3) 으로 3 가지이다.

두 번째 조건인 i + j > 3 인 경우는 (1, 3), (2, 2), (2, 3), (3, 3) 으로 4 가지 이다.
두 조건에서 중복되는 경우가 (1, 3), (2, 3) 이다. 따라서 만족되는 총 가지수는 (1, 2), (1, 3), (2, 2), (2, 3), (3, 3) 으로 5 가지이다. 따라서, a 는 5 가 된다.

06 조건 문제

조건 식을 판별하여 참과 거짓에 따라 식을 계산하고 출력하는 문제들로 구성된다. 조건 문제들을 접해보자.

[문제 1]

다음 코드의 결과는?

```
a = 5;
if ( a > 3 ) a /= 2;
```

```
else a *= 2;
printf( "%d\n", a );
```

① 5   ② 10   ③ 2   ④ 2.5   ⑤ 3

위의 문장은 a 값이 3 보다 큰 경우 원래 수를 2 로 나누고, 그렇지 않은 경우 2 를 곱한 결과를 출력하는 문제이다. 위 코드에서는 a 의 값이 5 로서 if 문장을 참으로 만든다. 5 를 2 로 나눈 결과를 출력하게 된다. 위에서는 나눗셈을 하는데 정수로 정수를 나누게 되므로 결과는 몫만 남게 된다.

5/2 = 2

가 된다. 실수였다면 결과가 2.5 였겠지만, 이 문제에서는 정수만 사용되므로 몫인 2 만 출력된다.

[문제 2]

c 의 값은?

```
a = 7;
b = 5;
if ( a - b > 0 ) c = a - b;
else c = b - a;
```

① 1   ② 2   ③ 5   ④ 7   ⑤ 12

위의 코드에서는 a-b 의 결과가 0 보다 크면 참이 된다. a 의 값은 7 이고 b 의 값은 5 이므로 a-b 는 2 가 되어 결과는 참이 된다. 따라서, c = a-b 가 실행되어 c 는 2 가 된다. 즉, 이 코드는 a 와 b 의 차이를 c 로 구하는 코드이다.

[문제 3]

c 의 값은?

```
c = 0;

for ( i = 1; i < 30; i++ ) {
  if ( i < 5 || i % 3 == 0 && i % 4 == 0 ) c++;
}

printf( "%dWn", c );
```

① 5 ② 2 ③ 3 ④ 6 ⑤ 17

이 문제는 for 문에서 i 가 1 ~ 29 의 값을 갖는 중에 if 문이 만족되면 c 가 1 씩 증가되는 문제이다. 즉, if 문이 만족되는 개수를 세는 문제이다. if 문을 분석해보자.

1) i < 5 ||
2) i % 3 == 0   &&
3) i % 4 == 0

중간에 || 과 && 가 사용되었으므로 1) 조건이거나 2) 조건이면서 3) 조건이면 참이 된다. 1) 조건은 5 보다 작은 값이므로 1 ~ 4 로 4 개가 존재한다. 2) 조건이면서 3) 조건인 경우는 3 으로 나누어 떨어지면서 4로 나누어 떨어지는 수이므로 12 로 나누어 떨어지는 수가 된다. 즉, 12 로 나누어 떨어지는 수는 12 와 24 로 2 개가 존재한다. 따라서, 구하고자 하는 총 개수는 2+4 = 6 개가 된다.

07 배열 문제

배열에 각 원소들을 세팅하고, 각 원소들을 활용하여 식을 구하는 문제들로 구성된다. 배열 문제들을 접해보자.

[문제 1]

다음 코드의 결과는?

```
for ( i = 1; i <= 5; i++ )
   a[i] = i % 2 + i % 5;

m = a[1];
for ( i = 2; i <= 5; i++ )
   if ( a[i] > m ) m = a[i];
```

① 4   ② 5   ③ 10   ④ 13   ⑤ 1

배열 문제를 풀 때는 문제에서 제시한 코드에서 사용되는 배열의 칸 만큼 그려서 원소 세팅을 모두 해주고 코드를 해석하는 것으로 문제를 해결해갈 수 있다. 위의 코드에서는 a 배열에 5 개의 원소에 값을 저장한다. 그림을 표현하면 다음과 같다.

1	2	3	4	5
1%2+1%5 = 1+1 = 2	2%2+2%5 = 0+2 = 2	3%2+3%5 = 1+3 = 4	4%2+4%5 = 0+4 = 4	5%2+5%5 = 1+0 = 1

2 로 나눈 나머지와 5 로 나눈 나머지를 더한 값으로 a 배열이 세팅 된다. 다시 정리해서 표현하면 다음과 같다.

1	2	3	4	5
2	2	4	4	1

위 그림에서 윗 줄은 배열의 인덱스를 나타내고, 아랫 줄은 저장된 값을 표현한 것이다. 첫 번째 for 에서 원소 세팅은 분석되었고, 다음 코드를 분석해보자. 이제 m 에 a[1] 의 값을 저장하므로 m 도 다음 칸에 a[1] 의 값으로 저장해준다.

```
m = a[1];
```

m	2

이제, 그 다음 코드를 분석해보자.

```
for ( i = 2; i <= 5; i++ )
    if ( a[i] > m ) m = a[i];
```

위 코드는 for 를 사용하여 2 부터 5 까지 남은 4 개의 각 값과 m 을 비교하여 저장된 m 값보다 큰 값인 경우 m 의 값을 해당 원소의 값으로 바꾸는 코드이다.

m	4

1	2	3	4	5
2	2	4	4	1

위 배열의 원소 중에서 a[3] 번의 원소가 m 보다 크므로 m 값이 4 로 변경된다. 변경된 이후 나머지 원소들은 바뀐 m 보다 큰 값이 없으므로 마지막의 m 값은 4 가 된다.

[문제 2]

다음은 어떤 프로그램의 일부이다. N 이 5 이고, 배열 a 가 아래와 같을 때 다음 프로그램을 실행시킨 후 배열 a 의 값을 A[1]부터 A[6]까지 차례로 쓴 것으로 알맞은 것은?

a[1]	a[2]	a[3]	a[4]	a[5]
7	4	10	2	5

```
for ( i = 1; i <= N − 1; i++ )
  for ( j = i + 1; j <= N; j++ )
    if ( a[i] < a[j] )
    {
      temp = a[j];
```

```
    a[j] = a[i];
    a[i] = temp;
}
```

① 7, 4, 10, 2, 5   ② 5, 2, 10, 4, 7   ③ 1, 2, 3, 4, 5
④ 2, 4, 5, 7, 10   ⑤ 10, 7, 5, 4, 2

첫 번째 for 문은 1 부터 N-1 인 4 까지 반복된다. 두 번째 for 문은 i+1 부터 N 인 5 까지 반복된다. i 가 처음 1 이고 j 가 2 인 경우부터 살펴보자.

```
if (a[1] < a[2])
{
  temp = a[1];
  a[1] = a[2];
  a[2] = temp;
}
```

현재 a[1] = 7, a[2] = 4 이므로 if 조건은 거짓이 된다. 다음으로 (a[1], a[3] 을 비교하면 조건이 참이되어 다음 코드가 실행된다.

```
temp = a[1] = 7;
a[1] = a[3] = 10;
a[3] = temp = 7;
```

로 처리되어, a[1] = 10, a[3] = 7 로 값이 변경되었다. 원래 코드를 말로 풀어보면 a[i] 값이 a[j] 보다 크면, 즉 앞에 있는 i 번째에 있는 값이 뒤에 j 번째에 있는 값보다 작으면 두 값을 교환하는 것이다.

a[1]	a[2]	a[3]	a[4]	a[5]
10	4	7	2	5

다음으로 (a[1], a[4]), (a[1], a[5]) 를 처리하면 a[1] 값이 다른 값들보다 크므로 교환이 발생하지 않는다. 이제, i 가 2 가 되면 (a[2], a[3]) 를 비교할 때 교환이 일어나서 다음과 같이 변경된다.

a[1]	a[2]	a[3]	a[4]	a[5]
10	7	4	2	5

i 가 2 일 때, 나머지 경우에는 더 이상 교환이 발생하지 않는다. 다음으로 i 가 3 인 경우 a[5] 와 비교할 때 교환이 발생하여 배열은 다음과 같이 변경된다.

a[1]	a[2]	a[3]	a[4]	a[5]
10	7	5	2	4

마지막으로 i 가 4 인 경우 마지막 a[5] 와 비교하면 다시 교환이 발생하여 최종적인 배열의 값은 다음과 같아진다.

a[1]	a[2]	a[3]	a[4]	a[5]
10	7	5	4	2

즉, 이 문제의 코드는 값이 큰 것부터 작은 값으로 내림차순 정렬을 하는 코드이다.

08 문자열 함수 활용 문제

문자열 자체의 속성이나 문자열 함수를 사용한 결과를 묻는 문제가 간혹 출제된다. 앞부분에 있는 문자열 함수나 문자 함수에 대한 설명을 참고하면서 문제를 접해보자.

[문제 1]

다음 코드의 결과는 어떻게 될까?

```
#include <stdio.h>
#include <string.h>

void main()
{
    char s[100] = "I am a LOGIC.";

    printf( "%d\n", strlen(s) );
}
```

① 100 ② 5 ③ 1 ④ 13 ⑤ 14

strlen 의 활용법을 묻는 문제이다. 대입된 문자열의 길이를 구하는 함수이다. 공백을 포함한 전체 길이는 13 이다.

[문제 2]

다음 코드의 결과는 어떻게 될까?

```
char a[10] = "LOGIC";
len = strlen( a );

for ( i = 0; i < len; i++ )
  printf( "%c", a[len - i - 1] );

printf( "\n" );
```

① LOGIC ② CIGIC ③ LOGOL ④ CIGOL ⑤ 5

for 문 내에서 a[len-i-1] 의 값을 출력한다. 따라서, 우선 len-i-1 이 i 가 변해갈 때 어떠한 값으로 변해가는지 구해야 한다. len 은 a 문자열에 대입된 문자열의 길이로서 5이다.

i	len-i-1
0	5-0-1 = 4
1	5-1-1 = 3
2	5-2-1 = 2
3	5-3-1 = 1
4	5-4-1 = 0

위와 같이 계산된다. 따라서, 출력되는 문자는 a[4], a[3], a[2], a[1], a[0] 의 위치의 문자를 차례대로 출력한다. 즉, 문자열의 각 문자를 거꾸로 출력하게 된다. 출력 결과는 "CIGOL" 이 된다.

09 기초 코딩 문제

기초 초딩 문제는 알고리즘을 구현하거나 문제를 해결하기 위해 필요한 요소 로직을 물어보는 문제들이다. 해당 문제들을 살펴보자.

[문제 1]

다음 코드의 결과는 어떻게 될까?

```
#include <stdio.h>
void main ()
{
  int a, b;
  int temp;

  a = 5;
  b = 7;

  if ( a < b ) {
    temp = a;
```

```
    a = b;
    b = temp;
  }
  printf("%d\n", a);
}
```

① 12 ② 5 ③ 6 ④ 7 ⑤ 2

위의 문제는 a 의 값이 b 의 값보다 작으면 참이 되어 실행된다. 현재 a 의 값이 5 이므로 b 의 값인 7 보다 작으므로 if 문이 참이 된다.

temp = a;   // temp = 5;
a = b;   // a = 7;
b = temp;   // b = 5;

위와 같이 내부에서 실행되는 3 개의 문장은 a 의 값을 temp 에 임시로 저장해서 서로의 값을 바꾸는 코드이다. 따라서, 마지막으로 a 를 출력하면 결과는 바뀐 7 이 출력된다.

[문제 2]

다음 코드의 결과는 어떻게 될까?

```
k = 20;
```

```
c = 0;
while ( k > 1 ) {
  if ( k % 2 == 1 ) k /= 3;
  else k = 2 * k + 1;
  c++;
};
printf( "%dWn" , c);
```

① 4 ② 5 ③ 6 ④ 7 ⑤ 8

이 문제는 while 이 돌아가는 회수를 구하는 문제이다. while 은 k 값이 1 보다 큰 경우 계속 반복된다. while 내부에서는 2 로 나눈 나머지가 1 인 경우와 그렇지 않은 경우로 나뉜다. 즉, k 값이 홀수면 k /= 3 을 실행하고, 짝수면 k = k*2+1 을 실행한다. 바뀌는 k 값을 표현하면 다음과 같다.

k	k % 2	실행되는 수식	결과
20	0	20 * 2 + 1	41
41	1	41 / 3	13
13	1	13 / 3	4
4	0	4 * 2 + 1	9
9	1	9 / 3	3
3	1	3 / 3	1

위와 같이 반복된다. 즉, k 값이 1 보다 큰 경우만 반복하므로 1 이 되면 멈춘다. 따라서, c 의 값은 반복 회수인 6 이 된다. 위에서 나눗셈 연산은 정수에서 정수를 나누므로 몫만 남는다는 점을 주의하도록 하자.

[문제 3]

다음 코드를 실행한 뒤, a[10] 의 결과는 어떻게 될까?

```
a[1] = 1;
a[2] = 1;

for ( i = 3; i <= 10; i++ )
    a[i] = a[i - 1] + a[i - 2] + 2;
```

① 100 ② 163 ③ 55 ④ 119 ⑤ 150

이 문제는 피보나치 수열을 응용하는 문제이다. 피보나치 수열은 이전의 2 개의 수를 더해서 만들어지는데, 이 문제는 앞의 두 수를 더한 뒤에 2 를 더해가야 한다. 이렇게 배열의 원소를 활용하는 문제는 실제 배열을 그린 뒤에 값을 차례대로 구해가면 된다. 즉, 다음과 같이 세팅해보는 것이다.

a[1]	a[2]	a[3]	a[4]	a[5]	a[6]	a[7]	a[8]	a[9]	a[10]
1	1	4	7	13	22	37	61	100	163

위와 같이 구해지므로, a[10] 의 값은 163 이 된다.

[문제 4]

a 배열의 내용이 다음과 같다. 아래 코드는 어떤 알고리즘의 일부이다. 코드를 실행하면 마지막 j 의 값은 어떤 값을 갖는가?

a[1]	a[2]	a[3]	a[4]	a[5]	a[6]	a[7]	a[8]	a[9]	a[10]
9	17	3	53	41	12	1	78	25	10

```
n = 10;
i = 1;
j = n + 1;

do {
  do {
    i++;
  } while (a[i] <= a[1]);

  do {
    j--;
  } while (a[j] >= a[1]);

  if (i < j) {
    temp = a[i];
```

```
    a[i] = a[j];
    a[j] = temp;
  }
} while (i < j);
```

① 1 ② 2 ③ 3 ④ 4 ⑤ 10

이 문제는 기준 값을 이용하여 정렬하는 퀵정렬의 일부 코드를 나타내고 있다. 우선 이 코드에서 사용되는 변수를 세팅해서 코드를 하나씩 실행해보자. 변수는 처음에 다음과 같은 값을 갖는다.

n	i	j
10	1	11

첫 번째 반복문을 해석해보자.

```
do {
  i++;
} while (a[i] <= a[1]);
```

위의 코드는 i 를 먼저 증가하고, a[1] 에 저장된 값보다 값이 작거나 같으면 계속 i 를 증가시키는 것이다. a[i] 에 저장된 값이 a[1] 보다 크면 반복을 멈추게 된다.

a[1]	a[2]	a[3]	a[4]	a[5]	a[6]	a[7]	a[8]	a[9]	a[10]
9	17	3	53	41	12	1	78	25	10

n	i	j
10	2	11

위와 같이 a[1] 보다 큰 원소가 있는 위치는 a[2] 이다. 여기까지 반복되며 다음 코드로 넘어간다. 두 번째 코드를 해석해보자.

```
do {
  j--;
} while (a[j] >= a[1]);
```

위의 코드는 j 를 1 씩 줄이면서 a[1] 보다 크거나 같은 동안 반복하게 된다. 즉, a[j] 값이 a[1] 보다 작은 값이 나오면 멈추게 된다.

a[1]	a[2]	a[3]	a[4]	a[5]	a[6]	a[7]	a[8]	a[9]	a[10]
9	17	3	53	41	12	1	78	25	10

n	i	j
10	2	7

이제 다음 코드가 실행된다.

```
if ( i < j ) {
  temp = a[i];
  a[i] = a[j];
  a[j] = temp;
}
```

위의 코드는 i 가 j 보다 작으면 두 원소의 값을 바꾸는 것이다. 즉 다음과 같아진다.

a[1]	a[2]	a[3]	a[4]	a[5]	a[6]	a[7]	a[8]	a[9]	a[10]
9	1	3	53	41	12	17	78	25	10
while (i < j);									

다음으로 제일 처음에 있는 do 와 맞는 짝으로 위의 while 은 i 가 j 보다 작은 동안 반복하게 된다. 현재는 i 가 2 이고, j 가 7 이므로 조건이 만족되어 다시 한번 반복하게 된다.

이전의 do ~ while 문 2 개를 실행하면 다음과 같이 i 와 j 가 구해진다.

a[1]	a[2]	a[3]	a[4]	a[5]	a[6]	a[7]	a[8]	a[9]	a[10]
9	1	3	53	41	12	17	78	25	10
n	i	j							
10	4	3							

그 후, 다음으로 아래의 코드를 실행하게 된다.

```
if ( i < j ) {
  temp = a[i];
  a[i] = a[j];
  a[j] = temp;
}
```

```
} while (i < j);
```

그러나, i 의 값이 j 보다 큰 값이 되었으므로 위의 판별문을 모두 false 로 만들게 되어 프로그램이 완료되게 된다. 최종적으로 j 의 값은 3 이 된다.

다시 한번 코드를 해석해보면, 배열의 첫 번째 값을 기준으로 앞에서는 기준보다 큰 값을 찾고, 뒤에서는 작은 값을 찾는다. 찾은 큰 값이 작은 값보다 앞에 있으면 두 수를 바꾸고 다시 실행하는 것이다. 마지막으로, 첫 번째 값보다 작은 값들이 첫 번째 값보다 큰 값들 앞에 모두 위치하게 되면 코드가 종료되는 구조이다.

[문제 5]

다음 코드를 실행한 결과는?

```
#include <stdio.h>

#define N 10

void main()
{
  int a[N] = {5, 6, 3, 8, 4, 2, 0, 9, 1, 7};
  int i;
  int m;

  m = 0;
```

```
for (i = 0; i < N; i++)
  if (a[i] > m) m = a[i];

printf( "%d\n", m );
}
```

① 0 ② 5 ③ 7 ④ 9 ⑤ 10

이 문제에서는 a 배열에 10 개의 원소가 위의 코드와 같이 초기화된다. m 에 0 을 대입하고 시작하여 각 원소랑 m 과 비교한다. 비교한 결과 m 보다 원소의 값이 크면 m 을 원소의 값으로 바꾸어가는 코드이다. 즉, 원소 중에서 가장 큰 값이 출력하는 문제이다.

[문제 6]

다음 코드를 실행한 후 a[5]의 값은?

```
for (i = 1; i <= 10; i++)
  a[i] = i * i % 10;

for (i = 1; i <= 3; i++) {
  for (j = 1; j <= 10 - i; j++)
    if (a[j] > a[j + 1]) {
```

```
        temp = a[j];
        a[j] = a[j + 1];
        a[j + 1] = temp;
    }
}
```

① 0 ② 2 ③ 4 ④ 7 ⑤ 9

우선 처음 배열의 원소들은 아래와 같이 1 ~ 10 의 제곱을 10 으로 나눈 나머지가 대입된다.

a[1]	a[2]	a[3]	a[4]	a[5]	a[6]	a[7]	a[8]	a[9]	a[10]
1	4	9	6	5	6	9	4	1	0

첫 번째 for 는 i 가 1 ~ 3 까지 3 번 반복된다. i 가 1 일 때 j 는 1 ~ 10-1 인 1 ~ 9 사이를 반복하게 된다. 이 , a[j] 〉 a[j+1] 이면 두 원소를 바꾸게 된다. i 가 1 일 때 1 ~ 9 사이의 원소들에 대해서 앞의 값이 크면 바꾸는 과정을 진행하면 배열의 원소는 다음과 같이 바뀐다.

a[1]	a[2]	a[3]	a[4]	a[5]	a[6]	a[7]	a[8]	a[9]	a[10]
1	4	6	5	6	9	4	1	0	9

위와 같이 a[3](= 9)의 값이 a[4] ~ a[6] 보다 크므로 계속 바뀌게 된다. 다시 a[7](= 9)의 값이 a[8] ~ a[10] 보다 크므로 위와 같이 최종적으로 수정된다. 다시 i 가 2 일 때는 j 가 1 ~ 8 까지 같은 과정을 반복하게 되면, 다음과 같이 수정된다.

a[1]	a[2]	a[3]	a[4]	a[5]	a[6]	a[7]	a[8]	a[9]	a[10]
1	4	5	6	6	4	1	0	9	9

a[3](= 6) 의 값이 a[4] 와 한번 교환되면, 다음으로 a[6](= 9) 의 값이 a[7] ~ a[9] 와 교환되어 위와 같이 수정된다. 마지막으로 i 가 3 일 때는 다음과 같이 교환된다.

a[1]	a[2]	a[3]	a[4]	a[5]	a[6]	a[7]	a[8]	a[9]	a[10]
1	4	5	6	4	1	0	6	9	9

위와 같이 a[5](= 6) 의 값과 a[6] ~ a[8] 과 교환되어 최종적인 값으로 세팅된다. 이때, a[5] 의 값은 4 가 된다. 이 코드는 버블 정렬의 일부 코드로서 3 번까지 반복한 뒤의 값을 알아내는 문제이다.

[문제 7]

f 함수가 다음과 같이 정의되어 있을 때, 가장 큰 값이 저장되는 변수는 어느 변수 인가?

```
void f(int& p, int& q)
{
  int t;
  if ( p > q ) {
    t = p;
    p = q;
    q = t;
  }
}
```

```
}
f( a, b );
f( c, d );
f( d, e );
f( b, e );
```

① a ② b ③ c ④ d ⑤ e

f 함수는 p 와 q 를 받아서, p 가 q 보다 크면 두 변수의 값을 바꾸는 함수로 구성되어 있다. 즉, 두 수 중에서 큰 수는 뒤에 변수에 작은 값은 큰 변수에 저장된다. 위 코드에서 마지막에서 실행되는 함수부터 역으로 표시하면 다음과 같이 표시할 수 있다.

$$f(b, e) \diagdown \begin{matrix} f(a, b) \\ f(d, e) - f(c, d) \end{matrix}$$

즉, f(b, e) 이전에 b 와 e 는 f(a, b) 에서 큰 값이 b 에 구해지고, f(d, e) 를 통해서 큰 값이 e 에 저장된다. f(d, e) 같은 경우는 이전에 f(c, d) 를 통해서 c 와 d 중에서 큰 값이 d 에 먼저 저장되고, 다시 e 와 비교된 것이다. 차례대로 실행되면 마지막에 f(b, e) 를 실행하면 가장 큰 값이 e 에 저장된다.

[문제 8]

출력되는 5 의 개수는?

```
#include <stdio.h>

void main()
{
  int n = 10;
  int i, j;
  for ( i = 1; i <= n; i++ ) {
    for ( j = 1; j <= i; j++ ) printf(" ");

    for ( j = i; j <= n; j++ ) printf( "%d", j );

    printf("\n");
  }
}
```

① 1 ② 3 ③ 5 ④ 7 ⑤ 10

처음에 반복되는 for 문은 i 가 1 ~ 10 까지 반복된다. 내부에서 처음 돌아가는 j 는 1 ~ i 까지 반복하면서 공백을 출력하므로 숫자 출력과는 무관하므로 무시해도 상관없다.

중요한 것은 숫자를 출력하는 마지막 for 문이다. 이 반복문은 j 가 i 부터 10 까지 반복하면서 각각의 값을 출력하는 문장으로 구성된다. 따라서, 여기서 출력되는 5 의 개수를 세주면 된다. i 값에 따라 반복되는 범위를 알아보자.

i 가 1 ~ 5 까지 변할 때, j 는 (1 ~ 5) ~ 10 와 같이 변한다. 즉, 변하는 i 값부터 10 까지 출력하므로 i 가 1 ~ 5 까지 변하는 동안에는 계속 5 가 포함된다. 반면에, i 가 6 ~ 10 까지 변하면, 그 수부터 10까지 변해도 5 가 포함되지 않는다. 따라서, 5 는 총 5 번 출력된다.

[문제 9]

출력되는 결과는?

```
int a[10] = {4, 7, 2, 5, 1, 9, 8, 3, 10, 6};

m1 = m2 = num[0];

for (i = 1; i < 10; i++) {
  if ( num[i] < m1 ) m1 = a[i];
  if ( num[i] > m2 ) m2 = a[i];
}

printf( "%d\n", m2 - m1 );
```

① 1 ② 10 ③ 5 ④ 0 ⑤ 9

a 배열에는 위 코드와 같은 값으로 10 개의 원소가 초기화된다. 우선 m1 과 m2 에는 첫 번째 원소인 a[0] 으로 초기화된다. 다음 a[1] ~ a[9] 사이의 원소랑 m1 과 비교하여

m1 보다 작으면 m1 을 해당 원소로 교체한다. 마찬가지로 m2 는 a[1] ~ a[9] 사이의 원소가 더 크면 값을 바꾸게 된다.

즉, m1 에는 a 배열의 원소 중에 최소값이 저장되고, m2 에는 원소 중 최대값이 저장된다. 마지막에는 최대값과 최소값을 차이를 출력한다. 현재 배열의 원소 중에서 최대값은 10 이고 최소값은 1 이다. 따라서, 10 - 1 = 9 가 출력된다.

[문제 10]

다음 코드를 실행하여 출력되는 결과는?

```c
#include <stdio.h>

void f(int& a, int& b)
{
  int c, d;
  c = ( a + b ) / 2;
  d = abs( a - b ) / 2;
  a = c + d;
  b = c - d;
}

void main()
{
  int a = 2, b = 4, c = 6;
```

```
    f(b, c);
    f(a, b);

    printf( "%d\n" , a);
}
```

① 1 ② 10 ③ 5 ④ 0 ⑤ 9

이 문제에서는 함수 f 를 두 번 실행해야 하는데, 실제 함수를 호출하면서 값이 어떻게 바뀌는지 계산해보자. 첫 번째 호출은 다음과 같다.

```
b = 4;
c = 6;
f(a = 4, b = 6)
{
  c = ( 4 + 6 ) / 2 = 5;
  d = abs( 4 - 6 ) / 2 = 1;
  a = 5 + 1 = 6 ;
  b = 5 - 1 = 4;
}
b = a = 6;
c = b = 4;
```

코드를 분석할 때 실제 변수의 값을 대입해서 계산해 줄 수 있다. 그런데, 함수에서는 변수가 전달될 때 '&' 가 붙으면 해당 내용이 같이 바뀌게 된다. 따라서, 위에서는 함수의 a 는 main 의 b 를 나타내고, 함수의 b 는 main 의 c 를 나타낸다. 따라서, 함수내의 a 와 b 의 값이 변경되면, 위와 같이 다시 main 의 b 와 c 에 전달해주어야 한다.

다음으로 두 번째 호출에 대해서도 계산해보자.

```
a = 2;
b = 6;
f(a = 2, b = 6)
{
  c = ( 2 + 6 ) / 2 = 4;
  d = abs( 2 - 6 ) / 2 = 2;
  a = 4 + 2 = 6 ;
  b = 4 - 2 = 2;
}
a = a = 6;
b = b = 2;
```

함수는 실제로 전달된 두 변수의 값을 바꾸는 코드로 구성되어 있다. 따라서, b 와 c 가 교환되고, 다시 a 와 b 가 교환되어 a 에는 원래 c 의 값이 들어가게 된다.

[문제 11]

다음 코드를 실행하여 출력되는 결과는?

```c
#include <stdio.h>

void main()
{
  int sum = 0, i;

  for(i = 1; i <= 10; i += 2) sum += i;

  switch(sum / 10) {
  case 1: printf( "A\n" ); break;
  case 2: printf( "B\n" ); break;
  case 3: printf( "C\n" ); break;
  case 4: printf( "D\n" ); break;
  default: printf( "E\n" );
  }
}
```

① A ② B ③ C ④ D ⑤ E

for 에서 i 는 1 부터 10 까지 2 씩 증가하면서 sum 에 더해진다. 즉, 홀수의 합이 구해진다. 1 + 3 + 5 + 7 + 9 이므로 25 가 된다. 다음으로 switch 에는 sum / 10 의 값이 사용되므로, 정수로 정수를 나누면 몫인 25 / 10 = 2 가 구해진다.

switch 에서는 case 2 의 문장이 실행되므로 'B' 가 출력되고 프로그램이 종료된다.

[문제 12]

다음과 같이 f 함수가 구현되어 있을 때 f(f(10, 5), f(3, 7)) 의 결과는?

```
int f(int a, int b)
{
  if (a > b) return a - b;
  else return b-a;
}
```

① 1 ② 3 ③ 5 ④ 7 ⑤ 10

f 함수는 a 와 b 를 입력받아서 큰 수에서 작은 수를 뺀 값을 리턴하는 차이를 구하는 함수이다. 먼저 f(10, 5) 의 결과는 5 이고, f(3, 7) 의 결과는 4 가 된다. 전체에 적용하면 다음과 같아진다.

f(f(10, 5), f(3, 7)) = f(5, 4) = 1

[문제 13]

다음 코드를 실행한 결과는?

```
#include <stdio.h>

void f1(int a, int b)
{
  int t

  t = a;
  a = b;
  b = t
}

void f2(int& a, int& b)
{
  int t

  t = a;
  a = b;
  b = t
}

void main()
{
  int a = 1, b = 2;

  f1(a, b);
  printf( "%d %d\n" , a, b);
```

```
    f2(a, b);
    printf( "%d %d\n" , a, b);
}
```

① 1 2   ② 2 1   ③ 1 2   ④ 2 1   ⑤ 1 1
   1 2   2 1   2 1   1 2   2 2

f1 과 f2 는 둘다 내부에서 t 를 사용하여 a 와 b 의 내용을 바꾸는 함수들이다. f1 의 합수는 변수에 값만 복사하는 호출방식이다. 그림으로 표현하면 다음과 같다.

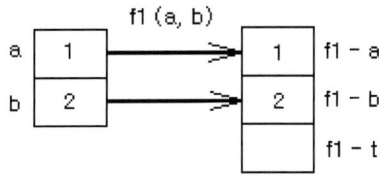

위 그림과 같이 a 와 b가 f1 함수의 또다른 변수 a 와 b 에 값이 우선 복사된다.

코드가 실행되면, f1 내의 변수들의 값이 바뀌게 된다.

```
a │ 1 │
b │ 2 │
```

f1 함수가 실행이 끝나면 원래 변수의 값은 변화가 없게 된다. f2 함수는 변수를 받을 때 & 를 붙였는데, & 를 붙이게 되면 전달되는 변수의 또다른 이름으로 변수 이름을 사용하게 된다. 즉, 다음과 같다.

```
a │ 1 │ f1 - a
b │ 2 │ f1 - b
  │   │ f1 - t
```

위와 같이 원래 변수를 또다른 이름으로 f1 함수내의 a 라는 이름과 b 라는 이름으로 다시 사용하게 된다. 즉, 같은 공간을 공유하게 된다. 이제 각 코드가 실행되면 다음과 같이 바뀐다.

```
     t = a              a = b              b = t
a │ 1 │ f1 - a    a │ 2 │ f1 - a    a │ 2 │ f1 - a
b │ 2 │ f1 - b    b │ 2 │ f1 - b    b │ 1 │ f1 - b
  │ 1 │ f1 - t      │ 1 │ f1 - t      │ 1 │ f1 - t
```

마지막으로 함수 실행이 끝나면 함수에서 사용한 이름이 없어지고 다시 다음과 같이 상태가 바뀐다.

```
a │ 2 │
b │ 1 │
```

위와 같이 이름은 없어졌지만, t 를 통해서 바꾸었던 값은 그대로 유지되므로 a 와 b 의 값이 바뀐 채로 남아 있게 된다. 따라서, 출력 결과는 "1 2" 와 "2 1" 이 된다.

[문제 14]

다음과 같이 f 함수가 구현되어 있을 때 f(5) 의 결과는?

```
int f(int a)
{
    if (a <= 2) return a;
    else return f(k - 1) * f(k - 2)+f(k - 3);
}
```

① 1 ② 8 ③ 10 ④ 12 ⑤ 20

위와 같은 문제는 f(5) 를 확장해서 구해낼 수 있다. 함수에서 f(0) = 0, f(1) = 1, f(2) = 2 로 정의 되어 있고, 나머지의 경우는 f(n) = f(n - 1) * f(n - 2) + f(n - 3) 이다. f(5) 를 확장해보자.

$f(5) = f(4) * f(3) + f(2)$
$\quad = (f(3)*f(2)+f(1)) * (f(2) * f(1) + f(0)) + 2$
$\quad = ((f(2) * f(1) + f(0)) * 2 + 1) * (2 * 1 + 0) + 2$
$\quad = ((2 * 1 + 0) * 2 + 1) * 2 + 2$
$\quad = (2 * 2 + 1) * 2 + 2$

= 5 * 2 + 2
= 12

[문제 15]

다음과 코드를 실행하여 출력된 결과는?

```c
#include <stdio.h>

void main()
{
  int i, j, temp;
  int a[10] = {5, 2, 10, 8, 1, 6, 3, 7, 4, 9};

  for (i = 0; i < 5; i++)
    for ( j = 9; j > i; j-- )
      if (a[j - 1] < a[j]) {
        tmp = a[j];
        a[j] = a[j - 1];
        a[j - 1] = tmp;
      }

  printf( "%d\n", num[3]);
}
```

① 3 ② 5 ③ 7 ④ 9 ⑤ 10

위의 코드는 배열에 값을 넣어두고 실행한다. 첫 번째 for 문은 i 를 0 ~ 4 까지 5 번 반복하도록 한다. 다음 j 는 9 부터 i+1 까지 반복하여 앞의 원소가 뒤의 원소보다 작으면 두 원소를 바꾸는 것이다. 즉, 내림 차순을 구해가는 코드이다. 그러나, 5 번만 실행하도록 한다.

초기	5	2	10	8	1	6	3	7	4	9
1	10	5	2	9	8	1	6	3	7	4
2	10	9	5	2	8	7	1	6	3	4
3	10	9	8	5	2	7	6	1	4	3
4	10	9	8	7	5	2	6	4	1	3
5	10	9	8	7	6	5	2	4	3	1

위와 같이 초기 값이 회수가 반복됨에 따라서 차례대로 큰 값이 구해진다. 위의 표에서 굵은 숫자가 앞의 숫자들과 바뀌면서 이동되는 숫자들이다. 자신의 앞의 수가 더 큰 수가 나오면 바꾸는 것을 멈추게 된다. 마지막 5 번째까지 바뀌고 나서 a[3] 의 값을 출력하면 7 이 된다.

[문제 16]

다음과 코드를 실행하여 출력된 결과는?

```
#include <stdio.h>
```

```
void main()
{
    char str[18] = "super man bat man";
    int a[27] = {0};
    int i, max;

    int len = strlen(str);

    for (i = 0; i < len; i++){
        c = str[i] - 'a' + 1;
        if (c >= 1 && c <= 26) a[c]++;
    }

    max = 0;
    for (i = 1; i <= 26; i++)
        if (a[i] > max) max = a[i];

    printf( "%d\n" , max);
}
```

① 0 ② 26 ③ 1 ④ 3 ⑤ 5

첫 번째 for 문에서는 각 문자에 대해서 숫자로 변환한다.

c = str[i] – 'a' +1;

위 코드를 실행하면, i 번째 문자인 str[i] 에서 'a' 를 빼도록 한다. 문자가 소문자라면 각 문자의 순서로 바뀌게 된다. 즉, 'a' = 0, 'b' = 1, 'c' = 2, …, 'z' = 25 와 같다. 여기에 1을 더하므로 1 ~ 26 사이의 값이 된다.

if (c)= 1 && c <= 26) a[c]++;

위의 if 문에서는 c 가 1 ~ 26 사이의 값인지 검사하는 것으로 i 번째 문자가 소문자 인지를 검사하는 것이다. 즉, 소문자이면 a[c] 의 값을 1 증가시켜서 각 문자의 개수를 세도록 한다.

다음 max 변수를 이용해서 a 배열의 최대의 값을 구하는 코드이다. 즉, 각 문자의 개수가 가장 많은 수를 구하는 것으로 "super man bat man" 과 같은 경우, a 가 3 번으로 가장 많다. 따라서, 출력은 3 이 된다.

[문제 17]

다음과 코드를 실행하여 출력된 결과는?

```
#include <sdtio.h>

int cnt;

void f(int n)
{
  if (n <= 1)
```

```
    cnt++;
  else {
    f(n / 3);
    f(n / 3);
    f(n / 3);
  }
}

int main()
{
  cnt = 0;
  f(100);
  printf("%d\n", cnt);
  return 0;
}
```

① 3　② 9　③ 27　④ 81　⑤ 100

이 문제는 f(100)을 확장해가면서 값을 구해나가도록 한다. f() 함수에서는 입력된 n 의 값이 1 이하면 cnt 를 1증가시키도록 구성되어 있다. 그렇지 않은 경우, f(n / 3) 을 세 번씩 부르도록 한다. 표를 이용해서 확장해보자.

| f(100) | f(33) 3번 | f(1) 81번 |
| f(33) | f(11) 3번 | f(1) 27번 |

f(11)	f(3) 3 번	f(1) 9 번
f(3)	f(1) 3 번	
f(1)	cnt 1 증가	

위와 같이 f(100) → f(33) 3 번 호출 → f(11) 9 번 호출 → f(3)27 번 호출 → f(1) 81 번 호출과 같이 전개된다. f(1) 이 한번 호출될 때마다 cnt 가 1 씩 증가하므로 총 81 번이 증가된다.

[문제 18]

다음과 코드를 실행하여 출력된 결과는?

```
#include <stdio.h>

void main()
{
  int n = 10;
  int a, b, c;
  int sum;
  int i;
  a = b = 1;
  sum = a+b;

  for (i = 3; i <= n; i++) {
```

```
    c = a + b;
    sum += c;
    a = b;
    b = c;
  }

  printf("%d\n", sum);
}
```

① 1 ② 55 ③ 89 ④ 143 ⑤ 178

이 코드는 피보나치 수열의 합을 구하는 문제이다. 피보나치 수열은 다음과 같다.

 1 1 2 3 5 8 13 21 34 55 89 …

처음 2 개의 값이 1 이고, 나머지는 앞의 두 수를 더해서 구해가는 수열이다. 위 코드에서는 처음 2 개의 수를 a 와 b 에 저장하고 시작한다. 즉, 첫 번째 수는 a, 두 번째 수는 b 에 저장된다.

c 에는 a+b 를 구해서 다음 수를 구하고, a = b, b = c 로 다음 두 번째와 세 번째 수가 각각 대입된다. 이런 방식으로 c 를 2 개 더하고 다시 a 와 b 를 바꾸어가며 차례대로 피보나치 수를 구해간다. 구해가는 중에 각 피보나치 수를 sum 에 더해서 n 번째 피보나치 수의 총합을 구하게 된다.

n 이 10 이므로 10 번째 피보나치 수까지의 합이 된다. 즉, 다음과 같이 구할 수 있다.

1 + 1 + 2 + 3 + 5 + 8 + 13 + 21 + 34 + 55 = 143

[문제 19]

다음과 코드를 실행하여 출력된 결과는?

```
#include <stdio.h>

int f(int p, int q)
{
  if (p % q == 0) return q;
  else return f(q, p % q);
}

void main()
{
  printf("%d\n", f(48, 64));
}
```

① 2 ② 8 ③ 12 ④ 16 ⑤ 24

f 함수는 두 수를 받아서 앞의 수를 뒤의 수로 나누어 떨어지는 경우 뒤의 수를 리턴하고, 그렇지 않은 경우 뒤의 수와, 그 나머지로 다시 재귀호출하는 구조로 이루어져 있다. 즉, 이 함수는 두 수의 최대 공약수를 구하는 유클리드 호제법을 구현한

것이다. 일단, 유클리드 호제법을 몰라도 코드를 해석하는 데는 문제가 없다. 코드를 확장하면서 구해보자.

f(48, 64) = f(64, 48) = f(48, 16) = f(16, 0) = 16

위와 같이 확장되므로 결과는 16 이 된다.

[문제 20]

다음과 코드를 실행하여 출력된 결과는?

```
#include <stdio.h>

void main()
{
  int a = 1;
  int c = 1;

  while (c <= 5) {
    switch (c) {
      case 1 : a -= c; break;
      case 2 : a += c; break;
      case 3 : a *= c; break;
      case 4 : a /= c; break;
      case 5 : a %= c; break;
```

```
    }
    c++;
  }


  printf("%d\n", a);
}
```

① 1　② 2　③ 3　④ 4　⑤ 5

이 문제에서는 a 와 c 의 값에 따라서 a 를 계산해가는 문제이다. c 는 1 ~ 5 까지 다섯 번 반복하게 된다. 다섯 번 실행되는 동안 a 가 변경되는 것을 확장해가면서 값을 구해가면 최종 a 값을 구할 수 있다. 확장해가는 표는 다음과 같다.

c = 1	a = 1	a -= 1	a = 0
c = 2	a = 0	a += 2	a = 2
c = 3	a = 4	a *= 3	a = 12
c = 4	a = 12	a /= 4	a = 3
c = 5	a = 3	a %= 5	a = 3

위 표에서 세 번째 열에는 c 의 값에 따라 switch 에 의해서 실행되는 실제 식을 표현한 것이며, 네 번째 열에는 계산 후 a 의 값을 나타낸 것이다.

[문제 21]

다음과 코드를 실행하여 출력된 결과는?

```
#include <stdio.h>

void main()
{
  int i;
  int a[6] = {0, 3, 2, 4, 5, 1};

  for (i = 1; i <= 5; i++)
    a[i] = a[a[i]];

  printf("%d\n", a[5]);
}
```

① 3 ② 2 ③ 4 ④ 5 ⑤ 1

이 문제에서는 a 배열의 원소의 값을 이용하여 값을 바꾸어 가는 문제입니다. for 는 i 를 1 ~ 5 까지 반복하게 됩니다. 우선 a 배열의 원소 중 1 ~ 5 에 저장된 값이 다음과 같습니다.

a[1]	a[2]	a[3]	a[4]	a[5]
3	2	4	5	1

배열의 값이 위와 같을 때 a[i] = a[a[i]] 를 이용하여 for 문을 반복하면서 각 배열의 원소에 저장되는 값을 표시하면 다음과 같습니다.

	a[1]	a[2]	a[3]	a[4]	a[5]
a[1] = a[a[1]] = a[3] = 4	**4**	2	4	5	1
a[2] = a[a[2]] = a[2] = 2	4	**2**	4	5	1
a[3] = a[a[3]] = a[4] = 5	4	2	**5**	5	1
a[4] = a[a[4]] = a[5] = 1	4	2	5	**1**	1
a[5] = a[a[5]] = a[1] = 4	4	2	5	1	**4**

위와 같이 전개되므로 최종적으로 a[5] 에는 4 가 저장된다.

[문제 22]

다음과 코드를 실행하여 출력된 결과는?

```
#include <stdio.h>
void main()
{
  int n = 10;
  int a[10] = {1, 2, 4, 6, 7, 10, 13, 15, 17, 20};
  int t = 4;
  int left = 0, right = n - 1, mid;
```

```
while (left <= right) {
  mid = (left + right) / 2;
  if (a[mid] == t) break;
  else if (a[mid] > t) right = mid - 1;
  else left = mid + 1;
}

printf( "%d %d\n" , left, right);
}
```

① 0 9 ② 1 3 ③ 2 3 ④ 3 2 ⑤ 4 5

위의 코드는 a 배열에서 t 의 값을 찾는 코드로서 이진 탐색을 구현한 코드입니다. 이진 탐색에 대해서 자세히 알지 못하더라도 left 와 right 값을 바꾸어 가며 구해갈 수 있습니다.

a[0]	a[1]	a[2]	a[3]	a[4]	a[5]	a[6]	a[7]	a[8]	a[9]
1	2	4	6	7	10	13	15	17	20
left				mid					right

처음 실행될 때, left 와 right 는 첫 번째 원소와 마지막 원소를 가리킨다. mid 는 두 수를 더해서 2 를 나눈 몫으로 구하므로 a[4] 의 값을 가리키게 된다. 현재 a[4] 의 값이 찾고자 하는 t = 4 보다 값이 크므로 right = mid−1 = 3 이 된다.

a[0]	a[1]	a[2]	a[3]	a[4]	a[5]	a[6]	a[7]	a[8]	a[9]

1	2	4	6	7	10	13	15	17	20
left	mid		right						

다시 mid 는 (left+right)/2 = 1 이 된다. a[1] 의 값보다 찾고자 하는 4 가 더 크므로 left = mid+1 = 2 로 계산된다.

a[0]	a[1]	a[2]	a[3]	a[4]	a[5]	a[6]	a[7]	a[8]	a[9]
1	2	4	6	7	10	13	15	17	20
		left mid	right						

이번에는 a[mid] = a[2] 가 찾고자 하는 값이므로 멈추고 while 을 빠져 나오게 된다. 따라서, left 와 right 를 출력하면 2 3 이 출력된다.

[문제 23]

다음과 코드를 실행하여 출력된 결과는?

```
#include <stdio.h>

int f(int a)
{
  if (a <= 2) return a;
  else return f(a - 1) * f(a - 2);
}
```

```
void main()
{
  int a = f(5);
  printf("%d\n", a);
}
```

① 1 ② 2 ③ 4 ④ 8 ⑤ 16

위의 코드는 피보나치 수열과 비슷하지만 구하고자 하는 값이 곱으로 구성되어 있다. 입력된 값이 2 이하면 입력된 수를 바로 리턴하고, 그렇지 않은 경우 f(a) = f(a − 1) * f(a − 2) 를 리턴하게 된다.

f(5) 를 다음과 같이 확장하여 리턴되는 값을 구할 수 있다.

f(5) = f(4) * f(3)
    = (f(3) * f(2)) * (f(2) * f(1))
    = ((f(2) * f(1)) * 2) * (2 * 1)
    = ((2 * 1) * 2) * 2
    = (2 * 2) * 2
    = 4 * 2
    = 8

[문제 24]

다음과 코드를 실행하여 출력된 결과는?

```
#include <stdio.h>

void main()
{
  int i, a = 0;

  for (i = 1; i <= 20; i++) {
    a += i;
    i *= 2;
  }

  printf( "%d\n" , a);
}
```

① 1 ② 10 ③ 26 ④ 55 ⑤ 210

for 문에서 i 는 1 ~ 20 사이를 반복하게 된다. 그런데, for 문 내에서 a 에 i 가 더해지고 나서, i 는 2 를 곱한 값으로 변하게 된다. 변경되는 값을 차례로 반복한 것이 다음과 같다.

i 값	a += i	i *= 2
1	a = 0 + 1 = 1	i = 1 * 2 = 2
3	a = 1 + 3 = 4	i = 3 * 2 = 6
7	a = 4 + 7 = 11	i = 7 * 2 = 14
15	a = 11 + 15 = 26	i = 15 * 2 = 30
31 (중단)		

i 의 값은 매번 i *= 2 를 실행한 후에 for 문 마지막의 i++ 에 의해서 1 씩 증가된 상태를 유지하게 된다. for 문이 종료될 때는 i 가 20 보다 커진 31 이 된다. 마지막에 저장된 a 의 값은 26 이 된다.

[문제 25]

다음과 코드를 실행하여 출력된 결과는?

```
#include <stdio.h>

void main()
{
  int a = 0, b;
  int i, j;

  for (i = 1; i <= 10; i++) {
    b = 0;

    for (j = 1; j <= i; j++) {
      if ((i % j) != 0) b++;
```

```
    }

    if (i == b + 3) a++;
  }

  printf("%dWn", a);
}
```

① 1 ② 10 ③ 26 ④ 55 ⑤ 210

첫 번째 for 문에서 i 는 1 ~ 10 사이를 반복하게 된다. 두 번째 for 문에서는 j 가 1 ~ j 까지 반복하면서 i 를 j 로 나누었을 때 나머지가 0 이 아닌 경우의 개수를 b 에 세도록 한다. 즉, 1 ~ i 중에서 i 의 약수가 아닌 수의 총 개수를 구하는 것이다. 이 개수 + 3 이 원래의 수 i 와 같은 개수를 다시 a 에 더해서 출력하게 된다.

다시 말하면, 약수가 아닌 수의 개수 + 3 이 원래 수와 같다면, 원래 수의 약수 개수가 3 개인 수를 구하는 것이다. 1 ~ 10 사이의 약수를 구해보면 다음과 같다.

1	1	1개
2	1, 2	2개
3	1, 3	2개
4	1, 2, 4	**3개**
5	1, 5	2개
6	1, 2, 3, 6	4개
7	1, 7	2개
8	1, 2, 4, 8	4개
9	1, 3, 9	**3개**
10	1, 2, 5, 10	4개

즉, 제곱의 개수를 묻는 문제이기도 하다. 어떤 수를 $x^a * y^b * \cdots * z^c$ 와 같이 표현하면, 약수의 개수는 $(a + 1) * (b + 1) * \cdots * (c + 1)$ 로 계산할 수 있다. 약수의 개수가 3개라면, x^2 꼴 밖에는 표현할 수 없다. x1y1 은 약수의 개수가 $(1 + 1) * (1 + 1) = 4$개가 된다. 따라서, 약수의 개수가 3 개인 수는 어떤 수의 제곱 수 밖에는 없으므로, 1 ~ 10 사이에는 4 와 9 로 2 개가 존재한다.

[문제 26]

a 배열의 값이 다음과 같을 때, 다음 코드를 실행한 후, b[5] 의 값으로 알맞은 것은?

a[1]	a[2]	a[3]	a[4]	a[5]	a[6]	a[7]	a[8]	a[9]	a[10]
5	2	6	4	3	6	5	8	7	2

```
for (i = 1; i <= 10; i++) c[i] = 0;

for (i = 1; i <= 10; i++) c[a[i]]++;

for (i = 2; i <= 10; i++) c[i] += c[i - 1];

for (i = 1; i <= 10; i++) {
  b[c[a[i]]] = a[i];
  c[a[i]]--;
}
```

① 5 ② 2 ③ 6 ④ 4 ⑤ 3

이 문제에서는 각 줄을 실행할 때마다 변하는 배열을 기록하여 해결할 수 있다. 첫 번째 줄을 실행하면 c 배열은 모두 0 으로 초기화 된다.

```
for (i = 1; i <= 10; i++) c[i] = 0;
```

c[1]	c[2]	c[3]	c[4]	c[5]	c[6]	c[7]	c[8]	c[9]	c[10]
0	0	0	0	0	0	0	0	0	0

다음 두 번째 줄을 실행하면 c 배열이 다음과 같이 바뀐다.

```
for (i = 1; i <= 10; i++) c[a[i]]++;
```

c[1]	c[2]	c[3]	c[4]	c[5]	c[6]	c[7]	c[8]	c[9]	c[10]
0	2	1	1	2	2	1	1	0	0

두 번째 줄의 코드는 a 배열에 있는 원소가 나타내는 수의 개수를 c 배열에 기록하는 것이다. 세 번째 줄을 실행하면 다음과 같이 바뀐다.

```
for (i = 2; i <= 10; i++) c[i] += c[i - 1];
```

c[1]	c[2]	c[3]	c[4]	c[5]	c[6]	c[7]	c[8]	c[9]	c[10]
0	2	3	4	6	8	9	10	10	10

세 번째 줄의 코드는 c 배열에서 앞의 값을 계속 누적해서 뒤에 더해준다. 마지막 for 문을 포함한 코드를 살펴보자.

```
for (i = 1; i <= 10; i++) {
    b[c[a[i]]] = a[i];
```

```
    c[a[i]]--;
}
```

for 문 내에서 첫 번째 줄에는 b[c[a[i]]] 로 구성된다.

b[c[a[1]]] = b[c[5]] = b[6] 에 a[1] = 6 을 대입한다.
c[a[1]] = c[5]--

첫 i 가 1 인 경우에 대해서 실행하면 다음과 같이 값이 바뀐다.

b[1]	b[2]	b[3]	b[4]	b[5]	b[6]	b[7]	b[8]	b[9]	b[10]
					5				

c[1]	c[2]	c[3]	c[4]	c[5]	c[6]	c[7]	c[8]	c[9]	c[10]
0	2	3	4	5	8	9	10	10	10

i 가 2 일 때

b[c[a[2]]] = b[c[2]] = b[2] 에 a[2] 을 대입한다.
c[a[2]] = c[2]--

b[1]	b[2]	b[3]	b[4]	b[5]	b[6]	b[7]	b[8]	b[9]	b[10]
	2				5				

c[1]	c[2]	c[3]	c[4]	c[5]	c[6]	c[7]	c[8]	c[9]	c[10]
0	1	3	4	5	8	9	10	10	10

i 가 3 일 때

b[c[a[3]]] = b[c[6]] = b[8] 에 a[3] 을 대입한다.

c[a[3]] = c[6]--

b[1]	b[2]	b[3]	b[4]	b[5]	b[6]	b[7]	b[8]	b[9]	b[10]
	2				5		6		

c[1]	c[2]	c[3]	c[4]	c[5]	c[6]	c[7]	c[8]	c[9]	c[10]
0	1	3	4	5	7	9	10	10	10

i 가 4 일 때

b[c[a[4]]] = b[c[4]] = b[4] 에 a[4] 을 대입한다.

c[a[4]] = c[4]--

b[1]	b[2]	b[3]	b[4]	b[5]	b[6]	b[7]	b[8]	b[9]	b[10]
	2		4		5		6		

c[1]	c[2]	c[3]	c[4]	c[5]	c[6]	c[7]	c[8]	c[9]	c[10]
0	1	3	3	5	7	9	10	10	10

i 가 5 일 때

b[c[a[5]]] = b[c[3]] = b[3] 에 a[5] 을 대입한다.

c[a[5]] = c[3]--

b[1]	b[2]	b[3]	b[4]	b[5]	b[6]	b[7]	b[8]	b[9]	b[10]
	2	**3**	4		5		6		

c[1]	c[2]	c[3]	c[4]	c[5]	c[6]	c[7]	c[8]	c[9]	c[10]
0	1	**2**	3	5	7	9	10	10	10

i가 6일 때

b[c[a[6]]] = b[c[6]] = b[7] 에 a[6] 을 대입한다.

c[a[6]] = c[6]--

b[1]	b[2]	b[3]	b[4]	b[5]	b[6]	b[7]	b[8]	b[9]	b[10]
	2	3	4		5	**6**	6		

c[1]	c[2]	c[3]	c[4]	c[5]	c[6]	c[7]	c[8]	c[9]	c[10]
0	1	2	3	5	**6**	9	10	10	10

i가 7일 때

b[c[a[7]]] = b[c[5]] = b[5] 에 a[7] 을 대입한다.

c[a[7]] = c[5]--

b[1]	b[2]	b[3]	b[4]	b[5]	b[6]	b[7]	b[8]	b[9]	b[10]

	2	3	4	5	5	6	6		

c[1]	c[2]	c[3]	c[4]	c[5]	c[6]	c[7]	c[8]	c[9]	c[10]
0	1	2	3	4	6	9	10	10	10

문제에서는 b[5] 만 구하면 되므로, 실행을 멈추도록 한다. 실제 이 코드는 배열을 오름차순으로 정렬하는 코드이다.

10 코드 비교 문제

코드를 비교하는 문제는 주어진 기초 코드와 동일한 결과를 얻는 코드를 묻는 문제로 구성된다. 코드 비교 문제들을 살펴보자.

[문제 1]

다음 ⓐ 코드와 결과가 동일한 코드를 묶은 것은?

ⓐ	for (i = 1; i <= N; i++) {
	  a[i]++;
	}

ⓑ	i = 0;
	while (i <= N) {
	  i++;
	  a[i]++;
	}

	}

ⓒ	i = 1;
	do {
	  a[i]++;
	  i++;
	} while (i <= N);

ⓓ	i = 0;
	while (i < N){
	  a[i + 1]++;
	  i++;
	}

① ⓑ ② ⓒ ③ ⓓ ④ ⓑⓒ ⑤ ⓒⓓ

우선 ⓐ 코드를 분석해보자. for 문에서 i 는 1 ~ N 까지 1 씩 증가하면서 반복된다. 이때, a[i] 값을 1 씩 증가시키므로, a[1] ~ a[N] 값을 1 씩 증가시킨다.

다음 ⓑ 코드를 살펴보자. i 의 값은 0 ~ N 까지 1 씩 증가된다. a[i] 값을 1 씩 증가시키지만, i 를 먼저 1 증가시키고 a[i] 에 사용되므로 a[1] ~ a[N+1] 의 값을 1 씩 증가시키게 된다. 따라서, ⓐ 와는 다른 결과를 갖게 된다.

ⓒ 코드는 1 ~ N 까지 1 씩 증가면산 do ~ while 을 반복한다. 그리고, a[i] 값을 1 증가시키고, i 를 1 증가시키므로 a[1] ~ a[N] 값을 1씩 증가시키게 된다. 따라서, ⓐ 와 동일한 결과를 갖게 된다.

마지막으로 ⓓ 코드는 i 가 0 ~ N-1 인 동안 반복하게 된다. 그러나, a[i+1] 의 값을 1 씩 증가시켰으므로, a[1] ~ a[N] 의 값을 1 씩 증가시키게 된다. 즉, ⓐ 와 동일한 결과를 갖게 된다.

[문제 2]

1 부터 n 까지의 합계를 구하는 코드가 아닌 것은?

| ① | sum = 0;
for (i = 1; i <= n; i ++)
  sum += i; |

| ② | sum = 0;
for (i = 0; i < n; i++)
  sum += i + 1; |

| ③ | i = 1;
sum = 0;

while (i < n) { |

	sum += i;
	i++;
	}

④	i = 0;
	sum = 0;
	
	while (i < n) {
	  i++;
	  sum += i;
	}

⑤	i = 0;
	sum = 0;
	
	do {
	  i++;
	  sum += i;
	} while (i < n);

① 번은 for 에서 i 가 1 부터 n 까지 반복되면서 sum 에 계속 더해진다. 따라서, 1 ~ n 의 합계를 구하는 코드이다.

② 번은 i 가 0 ~ n-1 까지 for 가 반복된다. 반복문 내에서는 i+1 의 값이 sum 에 더해진다. 따라서, (0 ~ n-1)+1 = 1 ~ n 의 값이 더해지는 것이다. 즉, 1 ~ n 의 합계를 구하는 코드가 된다.

③ 번은 while 문에서 i 가 1 부터 n-1 까지 반복된다. sum 에는 이 값이 그대로 더해진다. 따라서, 1 ~ n-1 의 합계를 구하는 코드이다.

④ 번은 i 가 0 ~ n-1 까지 반복된다. while 문 내에서 i 가 먼저 증가되고 sum 에 더해지므로, 1 ~ n 의 합계를 구하는 코드가 된다.

⑤ 번은 do ~ while 문은 사용하여 i 를 0 ~ n-1 까지 반복한다. do ~ while 문 내에서 i 가 먼저 증가되고 sum 에 더해지므로, 1 ~ n 의 합계를 구하는 코드가 된다.

[문제 3]

다음의 f1 함수와 f2 함수가 동일하도록 만들려면 어떠한 동작을 취해야 하는가?

```
void func()
{
  a--;
}

void f1()
{
  func();
```

```
    do {
      func();
    } while(a > 0);

      func();
  }

  void f2()
  {
    func();

    while(a > 0) {
      func();
    };

    func();
  }
```

① while(a > 0) 를 while (b > 0) 으로 바꾼다.
② while(a > 0) 를 while(a <= 0) 으로 변경한다.
③ while(a > 0) 을 do 로 바꾼다.
④ while 앞에 func() 을 한번 실행한다.
⑤ while 문 내에 func() 을 한번 더 실행한다.

이 문제는 while 과 do ~ while 문의 차이점을 물어본 것과 같다. do ~ while 은 먼저 실행하고 비교하게 되며, while 같은 경우 비교하고 나서 참이 되면 실행하게 된다.

f1 과 f2 를 실행할 때 a 가 0 보다 큰 경우, 동일한 회수의 func() 을 실행하게 된다. 그러나, a 값이 0 보다 작은 경우 차이가 나타난다. f1 의 경우는 func() 이 세 번 실행된다. 그러나 f2 의 경우는 두 번만 실행된다.

따라서, 동일한 코드가 되려면 a 가 0 보다 작은 경우에도 동일한 회수의 func() 가 실행되도록 해주어야 한다. while () 밖에서 한 번 더 실행해주어야 한다.

[문제 4]

점수를 기준으로 등수를 구하는 프로그램을 작성하고자 한다. a 배열에는 다섯 사람의 점수가 들어가고, 이 점수들을 기준으로 b 배열에 등수를 구하려고 한다. 같은 점수가 있는 경우 상위 등수가 2명이 되어야 한다. 예를 들어, 1등이 1명이고, 그 다음 높은 점수가 2명인 경우 둘 다 2등이 되어야 한다. 올바른 코드는?

①
```
for (i = 1; i <= 5; i++) {
  b[i] = 1;
  for (j = 1; j <= 5; j++) {
    if (a[i] < a[j]) b[i]++;
  }
}
```

②
```
for (i = 1; i <= 5; i++) {
  b[i] = 1;
```

```
    for (j = 1; j <= 5; j++) {
      if (a[i] <= a[j]) b[i]++;
    }
  }
```

③
```
  for (i = 1; i <= 5; i++) {
    b[i] = 0;
    for (j = 1; j <= 5; j++) {
      if (a[i] < a[j]) b[i]++;
    }
  }
```

④
```
  for (i = 1; i <= 5; i++) {
    b[i] = 0;
    for (j = 1; j <= 5; j++) {
      if (a[i] <= a[j]) b[i]++;
    }
  }
```

⑤
```
  for (i = 1; i <= 5; i++) {
    b[i] = 1;
    for (j = 1; j <= 5; j++) {
      if (i != j && a[i] <= a[j] ) b[i]++;
    }
  }
```

	}

위와 같은 문제는 5 개의 점수를 실제로 대입하고 각 등수가 제대로 구해지는 지를 알아보는 방식으로 풀어갈 수 있다. 우선 a 배열의 원소를 {79, 44, 88, 99, 88} 로 정의해보자. 1등이 1 개, 2 등이 2개, 4등과 5등이 각각 1 개씩 구해져야 한다.

a[1]	a[2]	a[3]	a[4]	a[5]
79	44	88	99	88

문제는 동일한 점수인 a[3] 과 a[5] 의 값이 제대로 2 등으로 구해져야 한다.

첫 번째 코드부터 적용해보자.

| ① | ```
for (i = 1; i <= 5; i++) {
  b[i] = 1;
  for (j = 1; j <= 5; j++) {
    if (a[i] < a[j]) b[i]++;
  }
}
``` |
|---|---|

b[1]	b[2]	b[3]	b[4]	b[5]
		2		2

① 번 코드는 i 가 각각 3과 5 일 때만 구해보면 j 를 1 ~ 5 까지 모두 비교하면서 b[i] 를 우선 1로 해두고, a[i] < a[j] 인 경우만 1 씩 b[i] 를 증가시킨다. 따라서, a[3] 과 a[5]
```

는 둘보다 큰 값이 a[4] 이므로 1만 증가된다. 따라서, 둘 다 2 등으로 구해진다. 일단, 2 가지 값만 구했으므로 또 다른 등수에서 틀릴 가능성도 있다. 우선, 다른 코드들도 b[3] 과 b[5] 가 2 등이 되는지 검사해보자.

②
```
for (i = 1; i <= 5; i++) {
  b[i] = 1;
  for (j = 1; j <= 5; j++) {
    if (a[i] <= a[j]) b[i]++;
  }
}
```

b[1]	b[2]	b[3]	b[4]	b[5]
		3		3

② 번 코드는 ① 번 코드와 유사하지만, 동일한 점수가 있는 경우에도 1 씩 증가되므로 위와 같이 둘다 3등으로 세팅된다.

③
```
for (i = 1; i <= 5; i++) {
  b[i] = 0;
  for (j = 1; j <= 5; j++) {
    if (a[i] < a[j]) b[i]++;
  }
}
```

b[1]	b[2]	b[3]	b[4]	b[5]

		1		1

③ 번 코드의 경우는 등수를 0 으로 설정하고 자신보다 큰 경우만 1 씩 증가하므로 위와 같이 둘다 1 로 세팅된다. 실제로 a[4] 의 경우는 자신보다 큰 값이 없으므로 0 등으로 세팅되어, 실제 등수보다 1 적은 값이 된다.

④
```
for (i = 1; i <= 5; i++) {
  b[i] = 0;
  for (j = 1; j <= 5; j++) {
    if (a[i] <= a[j]) b[i]++;
  }
}
```

b[1]	b[2]	b[3]	b[4]	b[5]
		2	0	2

④ 번과 같은 경우는 일단 2등으로 둘 다 세팅되어 맞는 듯이 보인다. 그러나, a[4] 의 등수를 구하는 경우, 0 등이 되어 제대로 등수가 세팅되지 않는다. 따라서, 맞는 답이 2 개 이상인 경우 다른 등수도 한번 더 구해보아야 한다.

⑤
```
for (i = 1; i <= 5; i++) {
  b[i] = 1;
  for (j = 1; j <= 5; j++) {
    if (i != j && a[i] <= a[j] ) b[i]++;
  }
}
```

}

b[1]	b[2]	b[3]	b[4]	b[5]
		3		3

⑤ 번의 경우도 역시 동일한 점수일 때도 1 씩 증가하므로 a[3] 과 a[5] 가 둘 다 3등이 되어 버린다.

11 빈칸 채우기 문제

칸을 채우는 문제는 빈 칸에 들어갈 코드를 선택하여 출력될 결과를 만들어내는 형태로 구성된다. 해당 문제들을 살펴보자.

[문제 1]

다음은 1 부터 10 까지의 합을 구하는 코드의 일부이다. 빈 칸에 들어갈 내용은?

```
sum = 0;
c = 1;

while ( ☐ ) {
  sum = sum + c;
  c++;
}
```

① c < 9 ② c < 10 ③ c == 10 ④ c != 10 ⑤ c < 11

① 번부터 반복 회수를 표현하면 다음 표와 같다.

번호	반복 구간
① c < 9	1 ~ 8
② c < 10	1 ~ 9
③ c == 10	반복 안됨
④ c != 10	1 ~ 9
⑤ c < 11	1 ~ 10

위의 표에서 ③ 번째의 경우는 while (c == 10) 으로 사용된다. 즉, c 가 10 일 경우만 반복하게 되는데 초기 값이 1 이므로 처음부터 반복되지 않는다. 마지막 ⑤ 번은 11 보다 작을 때 까지 1 씩 증가하므로 1 ~ 10 까지 반복하게 된다.

sum 에는 반복되는 구간의 c 가 계속 더해지므로 구간에 속하는 c 값의 합계가 구해진다.

[문제 2]

다음은 1 부터 10 까지 소수의 개수를 구하는 코드의 일부이다. 빈 칸에 들어갈 내용으로 맞지 않는 것은?

```
c = 0;
```

```
for (i = 2; i <= 10; i++) {
  prime = 1;
  j = 2;

  while ( [_____] ) {
    if (i % j == 0) prime = 0;
    j++;
  }

  c += prime;
}

printf("%d\n", c);
```

① i < i ② j < i-1 ③ j <= i ④ j <= i/2 ⑤ j*j <= i

소수는 1 을 제외하므로 위와 같이 for 를 2 부터 10 까지 반복하면서 각 수가 소수인지를 판별해야 한다. 위의 알고리즘은 prime 에 1로 세팅해두고 1과 자신 외에 다른 수로 나누어 떨어져 버리면 prime 변수를 0 으로 바꾸어 버린다. 그 후, prime 값을 전체 개수에 더해주면 소수일 경우만 1 씩 더해져서 소수의 총 개수가 구해진다.

소수가 아니라면 1 과 자신 외에 다른 두 수의 곱으로 표현이 가능해진다. 예를 들어 10 은 소수가 아니면 1*10 외에 2*5 로도 표현이 가능하다. 이때, 곱해지는 작은 수들은 최대 10 의 제곱근 이하의 정수로 구성된다. 10 의 제곱근은 그 수를 곱해서 10이 되는 수이다. 3*3 = 9 이고 4*4 = 16 이므로 a*a = 10 이 될 때, a 의 값은 3 ~ 4 사이의 값이며, 4 보다 작은 실수 값이다. 즉, a 이하의 정수 중 가장 큰 수는 3 이므로

3 이하의 모든 수로 나누어보면 소수인지 가장 빨리 찾을 수 있다. 따라서, 10이 소수인지 판별하려면 최소로는 3 이하의 수를 나누어보거나 최대는 10-1인 9까지 나누어 보는 것이다. 따라서, 3 ~ 9 이하의 값까지 반복해서 구할 수 있다.

위 문제에서 제시된 답 중에서 i 값이 10 인 경우, j 가 3 ~ 9 사이의 값까지 반복되도록 하는 것들은 ③ 을 제외한 나머지 4 개가 해당된다. ③ 의 경우에는 10 까지 나누어보도록 하므로, 소수까지도 나누어 떨어져서 소수가 아닌 것으로 판별 된다.

[문제 3]

다음은 M 행 N 열로 이루어진 배열을 검사하여 좌우 대칭인지 판별하는 코드이다.

true 인 경우

1	2	1
6	3	6
5	4	5

false 인 경우

1	2	3
6	3	7
5	4	5

위와 좌우가 대칭인 경우는 true, 그렇지 않은 경우는 false 가 되도록 구현하는 것이다. 빈 칸에 들어갈 코드는?

```
bool check(int a[][N])
{
  chk = true;

  for (i = 0; i 〈 M; i++)
    for (j = 0; j 〈 N / 2; j++)
      if (            ) chk = false;

  return  chk;
}
```

① a[i][j] == a[j][i]
② a[i][i] != a[j][j]
③ a[M-i][j] != a[i][N-i]
④ a[i][j] != a[i][N-j]
⑤ a[i][j] != a[i][N-j-1]

첫 번째 for 문은 i 가 1 부터 M-1 까지 행의 인덱스를 나타낸다. 두 번째 for 문은 j 가 0 부터 N/2-1 까지 각 행에서 열의 절반까지 반복하게 된다.

chk 변수는 처음에 true 로 세팅해 두고 각 행에서 비교하여 좌우 대칭이 되지 않으면 chk 를 false 로 바꾸도록 한다. 이때, 좌우가 대칭이 되지 않은지를 if 문에서 판별해주어야 한다. 빈 칸에는 좌우가 대칭이 되지 않는지를 검사하도록 하는 것이다.

1	2	3
6	3	7
5	4	5

코드를 각각 검사할 때, 위와 같은 배열에서 두 번째 행을 검사한다고 가정해보자. 이때, i 값은 1 이 되며, j 는 0 부터 N/2 - 1 = 3/2 - 1 = 0 까지 반복한다. 즉, i 가 1, j 가 0 인 경우 좌우를 판별해주어야 한다. 실제로 좌우를 판별하기 위해서는 a[1][0] 과 a[1][2] 를 비교해주어야 한다. 위 코드들에 대입해서 두 좌표를 비교하는 지 알아보자.

① a[i][j] == a[j][i]	a[1][0] == a[1][0]
② a[i][i] != a[j][j]	a[1][1] != a[0][0]
③ a[M-i][j] != a[i][N-i]	a[2][0] != a[1][3]
④ a[i][j] != a[i][N-j]	a[1][0] != a[1][3]
⑤ a[i][j] != a[i][N-j-1]	a[1][0] != a[1][2]

위 표를 살펴보면 제대로 비교하고 있는 것은 ⑤ 번이다.

[문제 4]

다음은 소수를 구하는 함수이다. 빈칸에 알맞은 것은?

```
bool isPrime(int n)
{
  int i;

  for (i = 2; i < n; i++)
    if (n % i == 0) break;

  return ☐ ;
}
```

① n % n-1 ② i < n ③ i == n ④ n % i ⑤ n / i

위 코드에서는 for 가 2 ~ n-1 까지 반복한다. 즉, 1 과 n 을 제외한 나머지 수로 n 을 나누어 보는 것이다. n % i 의 값이 0 이면, 즉 n 이 2 ~ n-1 사이의 수로 나누어 떨어지면 for 를 빠져나가게 된다. 만일, 한번도 나누어 떨어지지 않는다면 i 는 n 이 되면서 for 를 종료하게 된다.

마지막에는 return 이 true 나 false 가 되는 bool 형식의 조건의 값을 되돌리게 된다. 따라서, 소수인 경우 true 가 리턴되어야 하므로 n 이 2 ~ n-1 의 값으로 나누어 떨어지지 않은 경우로 i 가 n 이 되어 있다. 따라서, i == n 인지 판별하는 문을 사용해야 한다.

[문제 5]

다음은 대문자를 소문자로 바꾸는 함수이다. 빈칸에 알맞은 것은?

```
char f(char c)
{
    if (c >= 65 && c <= 90) return c + ☐ ;
    else return c;
}
```

① 28 ② 30 ③ 32 ④ 65 ⑤ 97

이 문제는 문자가 저장되는 방법에 대해서 알아야 풀 수 있는 문제이다. 컴퓨터에서 영어 대문자나 소문자를 저장할 때는 ASCII 라는 미국 표준 협회에서 정한 숫자로 저장된다. 즉, 'A' = 65, 'B' = 66, …, 'Z' = 90, 'a' = 97, 'b' = 98, …, 'z' = 122 로 저장된다.

위의 코드는 우선 65 ~ 90 사이의 값인지 비교하여 대문자인지를 검사한다. 대문자에 해당한다면 소문자로 변환하기 위해서 숫자를 더하도록 한다. 'A' 를 'a' 로 고치기 위해서는 65 를 97 로 바꾸어야 한다. 따라서, 두 수의 차이인 32 를 더해주어야 한다.

[문제 6]

완전수는 자신을 제외한 약수의 합이 자신의 수와 같은 수를 완전수라고 한다. 완전수인지를 판별하는 코드가 다음과 같을 때 빈 칸에 들어갈 코드는 무엇인가?

```
#include <stdio.h>

int f(int n)
{
  int i, sum = 0;

  for (i = 1; i <= n; i++) {
    if (n % i == 0) sum += i;
  }

  return sum;
}

void main()
{
  int n;

  scanf( "%d" , &n);

  if (_____) printf( "%d 는 완전수.\n", n);
  else printf( "%d 는 완전수가 아님.\n", n);
}
```

① n == f(n)
② n*2 == f(n)
③ n*n == f(n)

④ n-1 == f(n)
⑤ n*n == f(n)-n

f() 함수는 n 을 입력 받아서, 1 부터 n 까지 n 을 나누어 떨어지는 모든 약수의 합계를 구해서 리턴해주는 함수이다. 완전수는 자신을 제외한 약수의 합과 같은지를 판별해야 하므로 f(n) - n == n 인지를 판별해야 한다. 식을 조금 달리 고쳐보면 f(n) = n + n 이 되며, 위의 답안 중에서는 f(n) = 2*n 이 된다.

[문제 7]

다음은 팩토리얼(n! = n * n-1 * ⋯ * 1)을 구현한 함수이다. 빈 칸에 알맞은 것은?

```
int f(int n)
{
  int fact;

  if (n <= 1) fact = 1;
  else fact = ⬚ ;

  return fact;
}
```

① f(n - 1)
② fact * f(n - 1) * n

③ f(n − 1) * f(n)
④ fact * f(n − 1)
⑤ n * f(n −1)

위의 문제는 팩토리얼 함수를 재귀호출로 구현하는 코드이다. 팩토리얼의 정의를 함수로 써보면 다음과 같다.

$$f(x) = \begin{cases} 1, & x \leq 1 \\ x \times f(x-1), & x \geq 2 \end{cases}$$

즉, x 의 값이 1 이나 0 이면, 리턴 값이 1 이 되고, 2 이상이면 f(x) = x * f(x − 1)로 정의되어 있다. 이를 함수로 그대로 구현하는 것이 이 문제이다. 위에서는 f 함수에서 f 함수를 다시 부르는 재귀호출로 구현이 되어 있으며, 빈 칸은 x 가 2 이상인 경우로 위 식에서는 아랫 부분을 구현하는 문제이다. 따라서, x * f(x − 1) 을 구현한 n * f(n −1) 이 들어가야 한다.

[문제 8]

다음은 오름차순으로 정렬하는 함수를 구현한 것이다. 빈 칸에 들어갈 코드를 선택하여라.

```
int any_sort(int a[], int size)
{
  int i, j, t;

  for (i = 0; i < size; i++) {
```

```
    t = a[i];

    for (j = i - 1; j >= 0; j--) {
      if (a[j] > t) ⎯⎯⎯⎯ ;
      else break;
    }

    a[j + 1] = t;
  }
}
```

① a[i + 1] = a[j]
② a[j] = a[i]
③ a[j] = a[j + 1]
④ a[j + 1] = a[j]
⑤ a[j + 1] = a[i]

정렬 알고리즘은 선택 정렬, 버블 정렬, 삽입 정렬, 병합 정렬, 퀵 정렬 등 종류도 많아서 어떤 알고리즘을 구현한 것인지 코드만 보고 알아보기 힘든 경우가 많다. 특이한 구조로 인해서 바로 알 수 있는 알고리즘도 있지만 말이다.

위와 같은 문제에서는 정렬 함수에서 빈 칸에 어떤 코드가 들어가야 제대로 돌아가는지 테스트를 통해서 알아낼 수 있다. any_sort 에 배열로 "int a[3] = {2, 3, 1}, int size = 3" 으로 대입해서 각 코드를 활용하여 정렬이 되는 코드를 찾아보도록 하자.

빈 칸이 있는 부분 외의 코드를 먼저 분석해보면, 첫 번째 for 문은 0 부터 size-1 까지 반복된다. 현재 size 가 3 으로 입력된다고 가정하므로 0 ~ 2 까지 반복된다. 먼저 i 번째 값은 t 에 넣고, 두 번째 for 문에서 j 가 i-1 부터 0 까지 1 씩 줄어 들면서 반복된다. 따라서, -1 ~ 0, 0 ~ 0, 1 ~ 0 까지 3 번이 반복되지만, 실제로는 0~0, 1~0 까지 두 번만 반복하게 된다. 이때, t 에 저장된 값보다 앞의 값이 크면 빈 칸의 내용을 실행하고, 그렇지 않은 경우 break 로 빠져 나간다. 마지막으로 a[j+1] 에 t 값을 저장하게 된다.

이제 실제로 배열에 세팅된 값을 이용하여 하나씩 값을 대입해서 제대로 정렬되는지 선택해보자.

① a[i + 1] = a[j]

a[0]	a[1]	a[2]	i	t	j	
2	3	1	0	2	-1	a[j+1] = t, a[0]= 2
2	3	1	1	3	0	a[j] > t, a[0] > 3 = false a[j+1] = t, a[1]= 3
2	3	1	2	1	1	a[j] > t, a[1] > 1 = true a[i+1]=a[j], a[3]=a[1]

위의 경우는 진행되는 과정 중에서 a 배열의 원소의 위치가 a 배열의 범위인 0 ~ 2 를 넘어갔기 때문에 잘못된 코드임을 알 수 있다.

② a[j] = a[i]

a[0]	a[1]	a[2]	i	t	j	
2	3	1	0	2	-1	a[j+1] = t, a[0]= 2

2	3	1	1	3	0	a[j] > t, a[0] > 3 = false a[j+1] = t, a[1] = 3
2	1	1	2	1	1	a[j] > t, a[1] > 1 = true a[j]=a[i], a[1] = 1
1	1	1	2	1	0	a[j] > t, a[0] > 1 = true a[j]=a[i], a[0] = 1
1	1	1	2	1	-1	a[j+1] = t, a[0]= 1

위의 경우는 정렬이 아니라 배열의 원소가 1로 모두 바뀌었기 때문에 잘못된 코드이다.

③ a[j] = a[j + 1]

a[0]	a[1]	a[2]	i	t	j	
2	3	1	0	2	-1	a[j+1] = t, a[0]= 2
2	3	1	1	3	0	a[j] > t, a[0] > 3 = false a[j+1] = t, a[1]= 3
2	1	1	2	1	1	a[j] > t, a[1] > 1 = true a[j]=a[j+1], a[1] = 1
1	1	1	2	1	0	a[j] > t, a[0] > 1 = true a[j]=a[j+1], a[0] = 1
1	1	1	2	1	-1	a[j+1] = t, a[0]= 1

위의 경우도 정렬되지 않고 1로 세팅되었으므로 잘못된 코드이다.

④ a[j + 1] = a[j]

a[0]	a[1]	a[2]	i	t	j	
2	3	1	0	2	-1	a[j+1] = t, a[0]= 2
2	3	1	1	3	0	a[j] > t, a[0] > 3 = false a[j+1] = t, a[1]= 3
2	3	3	2	1	1	a[j] > t, a[1] > 1 = true a[j+1]=a[j], a[2] = 3
2	2	3	2	1	0	a[j] > t, a[0] > 1 = true a[j+1]=a[j], a[1] = 2
1	2	3	2	1	-1	a[j+1] = t, a[0]= 1

위의 경우는 1, 2, 3 으로 오름차순으로 제대로 정렬되는 코드이다.

⑤ a[j + 1] = a[i]

a[0]	a[1]	a[2]	i	t	j	
2	3	1	0	2	-1	a[j+1] = t, a[0]= 2
2	3	1	1	3	0	a[j] > t, a[0] > 3 = false a[j+1] = t, a[1]= 3
2	3	3	2	1	1	a[j] > t, a[1] > 1 = true a[j+1]=a[i], a[2] = 3
2	3	3	2	1	0	a[j] > t, a[0] > 1 = true a[j+1]=a[i], a[1] = 3
1	3	3	2	1	-1	a[j+1] = t, a[0]= 1

위의 경우는 마지막 배열의 원소가 오름차순이 아닌 원래 원소의 값이 바뀌었으므로 잘못된 코드가 된다.

전체적으로 분석한 결과 제대로 정렬이 되는 경우는 ④ 번이다. 이와 같이 코드를 전체적으로 파악하기 힘든 경우 배열이나 값을 최대한 작게 넣어서 원하는 결과가 나오는 것을 선택하면 된다.

[문제 9]

다음 함수는 순서대로 정렬되어 있는 두 배열을 합쳐서 하나의 정렬된 배열로 만드는 병합 정렬의 일부 코드이다. 아래 코드에서 a 배열은 m 개의 수가 입력되어 있고, b 배열에는 n 개의 수가 입력되어 있을 때, 빈 칸에 알맞은 코드를 선택하시오.

```
void merge(int a[], int b[], int c[], int m, int n)
{
  int p = 0, q = 0, r = 0;

  while (           ){
    if (a[p] < b[q]) {
      c[r] = a[p];
      p++;
    }
    else {
      c[r] = b[q];
      q++;
    }
    r++;
  }
```

```
while (p < m) {
  c[r] = a[p];
  p++;
  r++;
}

while (q < n) {
  c[r] = b[q];
  q++;
  r++;
}
}
```

① p < m || q < n
② p <= m && q <= n
③ p + q < m + n
④ p <= m || q <= n
⑤ p < m && q < n

우선 병합 정렬에서 병합하는 알고리즘부터 살펴보고 코드를 분석해보도록 하자.

a[0]	a[1]	a[2]	a[3]	a[4]
1	2	5	7	13
p				

b[0]	b[1]	b[2]	b[3]	b[4]
3	4	9	15	17
q				

c[0]	c[1]	c[2]	c[3]	c[4]	c[5]	c[6]	c[7]	c[8]	c[9]
r									

위와 같이 a 배열과 b 배열이 원소 다섯 개씩으로 구성된 각각 정렬된 배열이라고 하자. c 배열은 두 배열을 병합해서 넣은 배열이 된다. 처음에는 p, q, r 이 위와 같이 각 배열의 첫 번째 원소를 가리키게 된다.

이때, a[p] 와 b[q] 를 비교하여, 더 작은 값을 c[r] 에 넣도록 한다. 위 배열에서는 a[p] 의 값이 더 작으므로 c [r] 에 a[p] 의 값이 들어간다. 그리고, 넣은 배열의 위치를 1 증가 시키고, r 은 넣고 나면 무조건 증가시킨다.

a[0]	a[1]	a[2]	a[3]	a[4]
1	2	5	7	13
	p			

b[0]	b[1]	b[2]	b[3]	b[4]
3	4	9	15	17
q				

c[0]	c[1]	c[2]	c[3]	c[4]	c[5]	c[6]	c[7]	c[8]	c[9]
1									
	r								

위와 같이 변경된 상태에서, 다시 a[p] 와 b[q] 를 비교하면, a[1] 이 b[0] 보다 또 작으므로, a[1] 이 c[1] 에 복사되고, p 와 r 이 증가된다.

a[0]	a[1]	a[2]	a[3]	a[4]	b[0]	b[1]	b[2]	b[3]	b[4]
1	2	5	7	13	3	4	9	15	17
		p			q				

c[0]	c[1]	c[2]	c[3]	c[4]	c[5]	c[6]	c[7]	c[8]	c[9]
1	2								
		r							

이번에는 a[p] 보다 a[q] 의 값이 더 작으므로 b[0] 가 c[2] 를 복사하고 q 와 r 을 증가시킨다.

a[0]	a[1]	a[2]	a[3]	a[4]	b[0]	b[1]	b[2]	b[3]	b[4]
1	2	5	7	13	3	4	9	15	17
		p			q				

c[0]	c[1]	c[2]	c[3]	c[4]	c[5]	c[6]	c[7]	c[8]	c[9]
1	2	3							
			r						

이번에는 a[p] 보다 a[q] 의 값이 더 작으므로 b[0] 가 c[2] 를 복사하고 q 와 r 을 증가시킨다. 이와 같은 방식으로 작은 배열의 값을 넣고, 하나씩 이동하다 보면, p 나 q 가 마지막 값을 넣고 나서 배열의 위치를 벗어나게 된다.

a[0]	a[1]	a[2]	a[3]	a[4]	b[0]	b[1]	b[2]	b[3]	b[4]
1	2	5	7	13	3	4	9	15	17
				p				q	

c[0]	c[1]	c[2]	c[3]	c[4]	c[5]	c[6]	c[7]	c[8]	c[9]
1	2	3	4	5	7	9	13		
								r	

위와 같이 a 배열의 마지막 원소인 a[4] 를 c[7] 에 넣고 p 를 증가시키게 되면, a 배열의 위치를 벗어나게 된다. 이때, 알고리즘 실행을 중단하고, 벗어나지 않은 배열의 나머지를 복사해 넣는다.

a[0]	a[1]	a[2]	a[3]	a[4]	b[0]	b[1]	b[2]	b[3]	b[4]
1	2	5	7	13	3	4	9	15	17
									q

c[0]	c[1]	c[2]	c[3]	c[4]	c[5]	c[6]	c[7]	c[8]	c[9]
1	2	3	4	5	7	9	13	15	17
									r

위와 같이 남은 배열인 b 를 모두 c 에 복사해 넣으면 병합이 끝나게 된다. 코드를 살펴보면, 첫 번째 while 은 a 배열과 b 배열의 p 와 q 의 값 중 작은 값을 c 에 계속 복사해넣는 코드들로 구성되어 있다. 이 과정을

```
while (_____){
  if (a[p] < b[q]) { // 둘 중 작은 값을 c 배열에 넣는다.
    c[r] = a[p];
    p++; // a 배열의 원소를 넣었으므로 p 증가
  }
  else {
    c[r] = b[q];
    q++; // b 배열의 원소를 넣었으므로 q 증가
  }
  r++; // r 은 무조건 증가
}
```

위 코드를 언제까지 반복하느냐가 while 에 들어갈 코드가 된다. p 가 a 배열의 범위를 벗어나거나 q 가 b 배열의 범위를 벗어나면 위 코드를 멈추어야 한다. while 은 참인 동안 반복되므로, p 와 q 가 모두 각 배열의 범위 내인 경우가 되어야 한다. 따라서, 답안 중에서 p < m && q < n 이어야 한다.

[문제 10]

다음은 1부터 입력받은 수 사이의 완전수의 개수를 출력하는 프로그램이다. 완전수는 자신을 제외한 약수의 합이 자신과 같은 숫자를 말한다. 아래 코드에서 빈 칸에 들어갈 코드를 선택하시오.

```
#include <stdio.h>

void main()
{
  int i, j, n;
  int sum, cnt = 0;

  scanf( "%d" , &n);

  for (i = 1; i <= n; i++) {
    sum = 0;
    for (j = 1; ⬚ ; j++) {
      if ( ⬚ ) sum += j;
    }
    if (i == sum) cnt++;
  }

  printf("완전수의 개수 = %d\Wn", cnt);
}
```

① j < n, i % j
② j < i, i % j == 0
③ i < j, j % i == 0
④ j <= i, i % j == 0
⑤ j <= i, i % j != 0

각 i 가 완전수 인지를 판별하기 위해서는 자신을 제외하고 1 ~ i-1 의 수 중에서 i 의 약수들만 더해야 한다. 위 빈 칸 중에서 첫 번째 빈 칸은 나누어 보는 수들의 범위를 나타낸다. 따라서, 1 ~ i-1 이 되려면 j < i 가 되어야 한다.

두 번째 빈 칸에는 조건에 맞으면 합계에 더하는 코드를 실행할 수 있는 조건이 들어가야 한다. 약수들의 합을 구해야 하므로 약수인지를 판별하는 식이 들어가야 한다. i 를 나눌 수 있는지를 판별해야 하므로 i % j == 0 이 되는 조건이 되어야 한다.

[문제 11]

다음은 "4 / 3" 을 소수 점 1000 자리까지 구하는 코드이다. 빈 칸에 들어갈 코드를 선택하시오.

```
#include <stdio.h>

void main()
{
    int a, b;
    int i;
```

```
a = 4;
b = 3;

printf( "%d.", a/b );
a = a % b;

for (i = 0; i < 1000; i++) {
   ▭;
  printf( "%d", a / b );
   ▭;
}
printf( "\n" );
}
```

① a *= b, a -= b
② a /= 10, a += 10
③ a *= b, a %= b
④ a *= 10, a %= b
⑤ a *= b, a %= 10

"4 / 3" 을 계산하는 것은 다음과 같다.

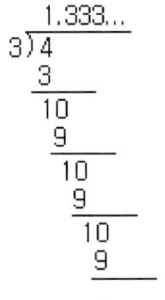

 수를 나눈 몫과 소수점이 가장 먼저 출력되고, 다음부터는 원래 수의 10 이 곱해지고 몫이 출력된다. 위 식에서 보면 처음 몫인 1 을 구하면 4 를 3 으로 나눈 나머지인 1 이 남는다. 이때, 나머지에 10 을 곱하여 10 으로 만든 뒤에 다시 3 으로 나눈 몫을 출력해야 한다.

 따라서, 첫 번째 빈 칸에는 현재 a 에 10 을 곱하는 a *= 10 이 되어야 한다. 다음으로 a 는 몫을 출력한 뒤에 3 으로 나눈 나머지로 다시 바뀌어야 하므로 "a %= b" 가 되어야 한다.

12 코드 분석 문제

코드 분석 문제는 주어진 코드가 무슨 일을 하는 코드 인지를 알아내는 문제로 구성된다. 해당 문제들을 살펴보자.

[문제 1]

다음은 무엇을 하는 코드인가?

```
c = 0;

for ( i = 1; i <= 10000; i++ )
  if ( i % 4 == 0 ) c++;

printf( "%d₩n", c );
```

① 10000 이하의 약수를 구하는 코드
② 1 부터 10000 까지의 합을 구하는 코드
③ 10000 이하의 4 의 배수의 개수를 구하는 코드
④ 10000 이하의 짝수의 개수를 구하는 코드
⑤ 10000 이하의 수 중에서 나머지가 4 인 수의 개수를 구하는 코드

위와 같은 문제가 주어지면 직접 for 를 돌려보면서 어떻게 결과가 계산되는지 구해봐도 되고, 코드를 하나씩 무슨 내용인지 분석해봐도 된다. 직접 값을 계산하려면 위의 for 에서 돌아가는 수가 10,000 이나 되어 너무 크다. 이럴 경우는 수를 10 정도로 줄여서 계산해보는 것이다.

```
c = 0;

for ( i = 1; i <= 10; i++ )
  if ( i % 4 == 0 ) c++;

printf( "%d\n", c );
```

위와 같이 줄여서 분석해보면, i 가 1 에서 10 까지 반복하게 된다. 이때, i 를 4 로 나눈 나머지가 0 인 경우만 c 의 값을 1 씩 증가시킨다. 즉, 4 로 나누어 떨어질 때만 개수가 증가된다. 위의 코드는 10 이하의 4 의 배수를 구하는 코드로 생각해낼 수 있다. 이걸 원래 문제로 확장하면 10,000 이하의 4 의 배수를 구하는 코드로 생각할 수 있다.

[문제 2]

배열 a[1] ~ a[5] 에는 5 명의 키가 입력되어 있다. 다음 코드는 무엇을 구하는 코드인가?

```
for ( i = 1; i <= 5; i++ )
{
  r[i] = 1;

  for ( j = 1; j <= 5; j++ )
    if (a[i] < a[j]) r[i]++;
}
```

① 점수 ② 순위 ③ 합계 ④ 평균 ⑤ 최댓값

위 코드는 i 가 1 부터 차례대로 모든 원소를 우선 방문한다. r[i] 에 1을 넣어주고, j 가 1 부터 전체 원소를 다 돌면서 a[i] 값보다 큰 a[j] 가 있으면 r[i] 를 1씩 증가시킨다. 즉, 키가 자기보다 큰 학생이 있으면 1 씩 증가된다. 처음에 이 값을 1 로 초기화하고 시작했으므로 자기보다 큰 학생수 + 1 이 구해진다. 즉, 키의 순위가 된다.

[문제 3]

a 와 b 는 양의 정수 값을 갖는 정수형 변수들이다. 아래 코드를 실행한 후 c 와 d 의 관계에 대해 올바르게 설명한 것은?

```
c = a - a / b * b;
d = a % b;
```

① c 〉 d ② c == d ③ c 〈 d
④ d 가 0 이면 c 〉 0 ⑤ d 〉 0 이면 c == 0

위 코드를 분석하려면 a 와 b 에 적당한 양의 정수를 넣어서 c 와 d 를 계산해보는 것이다. 다음 표로 정리해보았다.

관계	a	b	c = a - a / b * b	d = a % b
a 〉 b	3	2	3 - 3/2*2 = 1	3 % 2 = 1
a == b	2	2	2 - 2/2*2 = 0	2 % 2 = 0
a 〈 b	2	3	2 - 2/3*3 = 2	2 % 3 = 2

위 표에서 보듯이 c 와 d 의 값은 항상 같은 값을 갖는다.

[문제 4]

다음은 무엇을 하는 코드인가?

```c
#include <stdio.h>

void main()
{
  int a, sum;
  a = -1;
  sum = 0;

  while (a < 100) {
    a += 2;
    sum += n;
  }

  printf( "%d\n", sum );
}
```

① 1 ~ 100 까지의 합을 구하는 프로그램
② 1 ~ 99 까지의 합을 구하는 프로그램
③ 1 ~ 100 까지 짝수의 합을 구하는 프로그램

④ 1 ~ 100 까지 홀수의 합을 구하는 프로그램
⑤ 1 ~ 101 까지 홀수의 합을 구하는 프로그램

while 문은 a가 100 보다 작은 동안 반복하도록 한다. 그러나 2를 먼저 더하고 합계 변수 sum 에 더한다. a 는 -1 부터 100 보다 작은 99 까지 2씩 증가하면서 반복하게 되지만, 내부에서 2를 더하여서 사용하므로 1 ~ 101 사이의 홀수를 표현하게 된다. 이 수들의 합계를 sum 에 더하는 코드이다.

[문제 5]

다음은 세자리 수를 전달하여 실행되는 함수이다. 무엇을 하는 코드인가?

```
int f( int n )
{
  int a, b, c;

  a = n / 100;
  n = n % 100;
  b = n / 10;
  c = n % 10;

  return  c * 100 + b * 10 + a;
}
```

① 각 자리의 합을 구하는 코드
② 앞으로 읽으나 뒤로 읽으나 같은 수인지 판별하는 코드
③ 숫자로 거꾸로 바꾸는 코드
④ 숫자를 1 자리씩 옮기고 마지막 숫자를 앞으로 가져오는 코드
⑤ 1 ~ 100 까지의 합을 구하는 코드

위의 코드는 세자리 수 n 을 받아서 우선 a 에 100 으로 나눈 첫 번째 자리의 수를 저장한다. 다음 n 을 100 으로 나눈 나머지를 다시 n 에 넣어 두 자리 수로 변환한다.

b 에는 10 으로 나눈 몫, c 에는 10 으로 나눈 나머지로 십의 자리와 일의 자리를 각각 구한다. 이렇게 구한 수를 역으로 100, 10, 1 을 각각 곱한 뒤 더하여 수를 역으로 바꾸어 주게 된다. 예를 들어, n = 123 이면, a = 1, b = 2, c = 3 이 되고, c * 100 + b * 10 + a = 3 * 100 + 2 * 10 + 1 = 321 이 된다.

13 통합 문제

통합형 문제는 하나의 알고리즘이나 코드에서 여러 가지를 종합적으로 물어보는 문제로 구성된다. 정보 올림피아드 예선 문제로 출제되는 문제들은 과거 전국 본선 문제에서 주로 출제된다. 지역 본선에서 마지막 문제는 전국대회에 출제되었던 문제들이 주로 나오며, 문제 분석 수준이 상당한 경지에 올라야 해결이 가능하다. 관련 문제들을 살펴보자.

[문제 1~2]

a 배열에 다음과 같은 값이 담겨 있다.

a[1]	a[2]	a[3]	a[4]	a[5]
9	5	3	1	6

위의 배열을 사용하여 아래 코드가 실행될 때 다음 2개의 문제에 대하여 답하여라.

```
for (i = 2; i <= 5; i++) {
  for (j = i; j >= 2; j--) {
    if (a[j] > a[j-1]) break;

    t = a[j];
    a[j] = a[j-1];
    a[j-1] = t;        … ⓐ
  }
}
```

[문제 1]

ⓐ 는 몇 번이나 수행되는가?

① 5 ② 7 ③ 9 ④ 10 ⑤ 100

[문제 2]

a 배열의 값이 각각 다음과 같을 때 ⓐ 가 가장 적게 실행되는 데이터를 갖는 경우는 어느 것인가?

① 5, 4, 3, 2, 1 ② 1, 2, 3, 4, 5 ③ 2, 1, 5, 4, 3

④ 3, 5, 1, 4, 2   ⑤ 5, 2, 4, 1, 3

1 번 문제를 해결하기 위해서는 우선 코드를 먼저 분석해야 한다. 코드를 차례대로 분석해보자.

```
for (i = 2; i <= 5; i++) {
  for (j = i; j >= 2; j--) {
    if (a[j] > a[j-1]) break;

    t = a[j];
    a[j] = a[j-1];
    a[j-1] = t;    … ⓐ
  }
}
```

i 는 2 ~ 5 까지 변한다. 그리고, j 는 i 에서 2 까지 1씩 줄어들면서 a[j] 의 값이 a[j-1] 보다 크면 for 를 빠져 나간다.

a[1]	a[2]	a[3]	a[4]	a[5]
9	5	3	1	6

제일 처음 j 가 2 인 경우 그 앞의 값보다 작으므로 다음 코드가 1 번 실행된다.

```
t = a[j];
a[j] = a[j-1];
```

```
a[j-1] = t;
```

그럼 배열은 다음과 같이 변경된다.

a[1]	a[2]	a[3]	a[4]	a[5]
5	9	3	1	6

다음으로 j 가 3 부터 출발하면서 앞의 값이 자신보다 크면 계속 바꾸게 된다. 현재 배열에서 a[3] 의 값은 그 이전의 a[1], a[2] 보다 작으므로 ⓐ 가 포함된 다음 코드가 2 번 실행되어 다음과 같이 배열이 변경된다.

a[1]	a[2]	a[3]	a[4]	a[5]
3	5	9	1	6

위와 같이 변경된 후, a[4] 를 비교하면, a[1] ~ a[3] 의 값이 모두 a[4] 보다 크므로 전부 3 번의 교환이 이루어지고 다음과 같이 변경된다.

a[1]	a[2]	a[3]	a[4]	a[5]
1	3	5	9	6

마지막으로 a[5] 를 비교하면 자신 보다 큰 값은 바로 앞의 a[4] 이므로 1 번만 교환이 일어나서 다음과 같이 배열이 변경된다.

a[1]	a[2]	a[3]	a[4]	a[5]
1	3	5	6	9

전체로 보면, 정렬하는 코드라는 것을 알 수 있다. 이 알고리즘은 a[2] 부터 마지막 원소까지 자신의 앞의 값이 자신의 값보다 크면 데이터를 계속 교환하면서 앞으로 옮겨가는 삽입 정렬이다.

문제 1번은 ⓐ 가 사용되는 회수 이므로, 1 + 2+ 3 + 1번으로 총 7 번 사용된다.

문제 2번은 데이터를 주어진 예제로 바꾸었을 때 가장 작게 교환이 일어나는 데이터를 선택하는 문제이다. 알고리즘은 2 번부터 위치를 옮겨가면서 앞의 값이 크면 바꾸게 되므로, 각 데이터는 다음과 같이 바뀌어간다.

① 5, 4, 3, 2, 1[1번] → 4, 5, 3, 2, 1[2번] → 3, 4, 5, 2, 1[3번]
　→ 2, 3, 4, 5, 1[4번] → 1, 2, 3, 4, 5 ⇒ 10 번

② 1, 2, 3, 4, 5[0번] → 1, 2, 3, 4, 5[0번] → 1, 2, 3, 4, 5[0번]
　→ 1, 2, 3, 4, 5[0번] → 1, 2, 3, 4, 5 ⇒ 0번

③ 2, 1, 5, 4, 3[1번] → 1,2, 5, 4, 3[0번] → 1, 2, 5, 4, 3[1번]
　→ 1, 2, 4, 5, 3[2번] → 1, 2, 3, 4, 5 ⇒ 4번

④ 3, 5, 1, 4, 2[0번] → 3, 5, 1, 4, 2[2번] → 1, 3, 5, 4, 2[1번]
　→ 1, 3, 4, 5, 2[3번] → 1, 2, 3, 4, 5 ⇒ 6번

⑤ 5, 2, 4, 1, 3[1번] → 2, 5, 4, 1, 3[1번] → 2, 4, 5, 1, 3[3번]
　→ 1, 2, 4, 5, 3[2번] → 1, 2, 3, 4, 5 ⇒ 7번

위와 같은 회수로 변경된다. 위에서 굵은 글자는 기준이 되는 시작 위치의 데이터를 표현한 것이다. "[ ]" 안의 수는 그 기준 위치에서 바뀌는 회수를 표시한 것이다.

[문제 3~5]

사각형 두 개가 겹치는지를 검사하는 코드 중 일부이다. 사각형은 아래와 같은 좌표 형태를 갖는다. 각 사각형은 왼쪽 아래 좌표와 오른쪽 위의 두 좌표로서 사각형 하나를 표현하게 된다. 아래 그림에서는 (x1, y1) 과 (x2, y2) 를 좌표로 하는 하나의 사각형과 (x3, y3) 와 (x4, y4) 로 이루어진 두 번째 사각형으로 구성되어 있다.

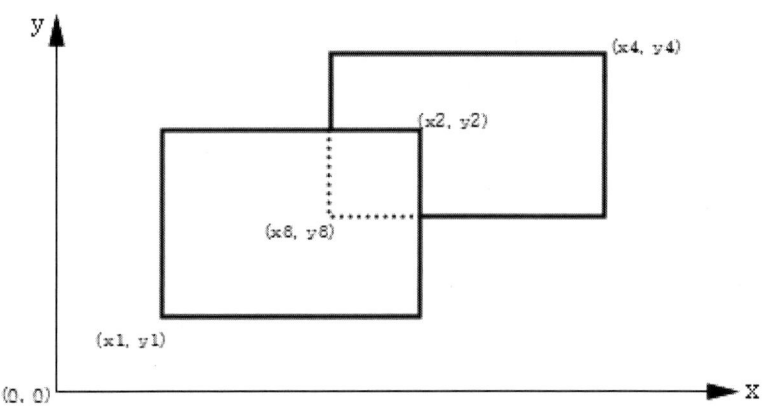

두 사각형이 겹치는지를 판별하는 코드에 대해 다음 문제들을 해결하여라.

```
bool check(int x1, int y1, int x2, int y2,
           int x3, int y3, int x4, int y4)
{
  if ((x4 ⓐ x1) || (x3 ⓑ x2)) return  false;
  if ((y4 ⓐ y1) || (y3 ⓑ y2)) return  false;
```

```
  return true;
}
```

[문제 3]

ⓐ 에 들어갈 연산자는 무엇인가?

① < ② <= ③ != ④ > ⑤ >=

[문제 4]

ⓑ 에 들어갈 연산자는 무엇인가?

① < ② <= ③ != ④ > ⑤ >=

[문제 5]

다음 중 결과가 false 인 것은?

① check(1, 1, 4, 4, 2, 2, 3, 3);
② check(1, 1, 4, 4, 2, 2, 5, 5);
③ check(1, 1, 2, 2, 3, 3, 4, 4);
④ check(1, 4, 4, 1, 2, 3, 3, 2);
⑤ check(2, 2, 3, 3, 1, 1, 4, 4);

3 번과 4 번 문제는 연결된 문제로서 false 를 리턴할 때 필요한 조건문을 정하는 것이다. 문제에서 제시되는 코드는 두 사각형이 겹치는 지를 판별하는 코드인데, false 를 리턴한다는 것은 겹치지 않을 경우라는 것이다.

첫 번째 if 는 x 좌표들에 대해서 검사하는 것으로 두 사각형이 서로 떨어져 있다면 겹치지 않을 것이다.

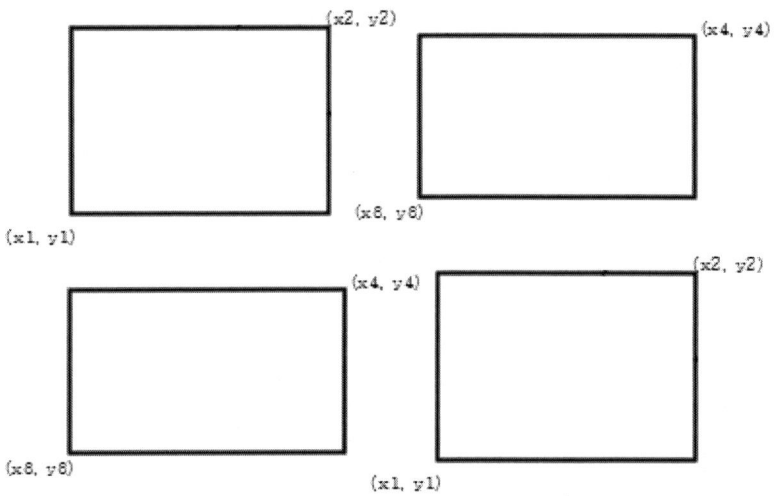

위와 같은 두 가지 형태로 첫 번째 사각형이 두 번째 사각형의 오른쪽이나 왼쪽으로 나온 경우, x1 이 x4 보다 크고, x2 가 x3 보다 작은 경우가 된다. 즉 다음과 같은 상태이다.

if ((x4 < x1) || (x3 > x2)) return false;

다음 두 번째 if 문은 y 좌표에 대해서 겹치는지 유무를 판별하는 것이다. 이것도 세로로 겹치지 않을 경우로 표시해보면 다음과 같다.

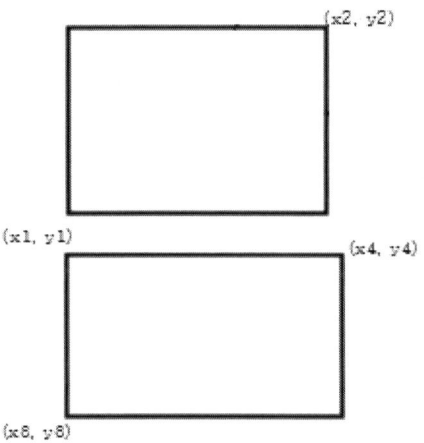

이거나

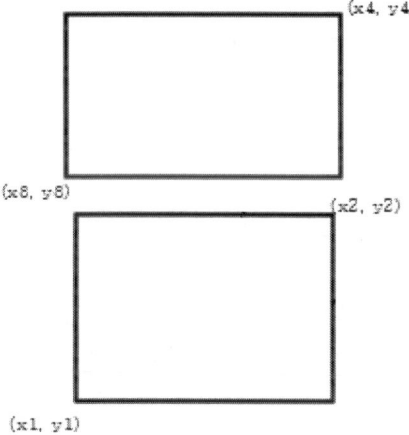

위 두 가지 상태가 세로 축에 대해서 겹치지 않을 경우이다. 즉, y4 가 y1 보다 작은 경우이거나, y3 가 y2 보다 큰 경우이다. 역시 코드로 표시하면 다음과 같다.

if ((y4 < y1) || (y3 > y2)) return false;

다음으로 5 번 문제는 각 좌표를 그림으로 표현해보고 겹치는지 조사해도 된다. 또는, 위에서 사용한 두 가지 판별식에 넣어서 판단해보면 되겠다.

check(x1, y1, x2, y2, x3, y3, x4, y4)

위와 같은 함수로 호출되면 다음과 같은 결합된 형태의 판별식으로 판별할 수 있다. 아래의 결과가 참이 되면 false 가 리턴된다.

$((x4 < x1) || (x3 > x2)) || ((y4 < y1) || (y3 > y2))$

결합된 두 가지 판별식으로 각 숫자를 대입해서 판별해보자.

① check(1, 1, 4, 4, 2, 2, 3, 3);
$(3 < 1) || (2 > 4)) || ((3 < 1) || (2 > 4))$
② check(1, 1, 4, 4, 2, 2, 5, 5);
$(5 < 1) || (2 > 4)) || ((5 < 1) || (2 > 4))$
③ check(1, 1, 2, 2, 3, 3, 4, 4);
$(4 < 1) || (3 > 2)) || ((4 < 1) || (3 > 2))$ = 만족
④ check(1, 4, 4, 1, 2, 3, 3, 2);
$(3 < 1) || (2 > 4)) || ((2 < 4) || (3 > 1))$
⑤ check(2, 2, 3, 3, 1, 1, 4, 4);
$(4 < 2) || (1 > 3)) || ((4 < 2) || (1 > 3))$

위 표를 살펴보면, ③의 경우는 위에서 굵게 표시한 판별에서 참이 되므로 식을 만족하게 된다. 판별식은 전체다 OR(||)로 묶여 있으므로 하나의 조건이라도 만족되면 참으로 판별한다. 따라서, ③ 번이 만족되어 false 를 리턴하게 된다.

[문제 6~7]

다음 코드는 f 함수를 정의한 것이다. 코드 이후 2 개의 질문에 답하여라.

```
int f(int a, int b, int m)
{
  int r;

  if (b == 0) return 1;

  r = f(a, b / 2, m);
  r = (r * r) % m;

  if (b % 2 == 1) r = (r * a) % m;

  return r;
}
```

[문제 6]

f(1, 2, 5) 의 값은 무엇인가?

① 1 ② 2 ③ 3 ④ 4 ⑤ 5

[문제 7]

f(2, 8, 9) 의 값은 무엇인가?

① 1 ② 2 ③ 3 ④ 4 ⑤ 5

6 번과 7 번은 함수에 값을 대입해서 차례대로 구해가면 되는 문제이다. 우선 6 번 함수 호출부터 전개해보자.

```
f(1, 2, 5)
a = 1, b = 2, m = 5;
{
  r = f(1, 1, 5);
  a = 1, b = 1, m = 5;
  {
    r = f(1, 0, 5);
    a = 1, b = 0, m = 5;
    {
      if (b == 0) return 1;
    }
    r = 1;
    r = (1 * 1) % 5 = 1;

    if (1 % 2 == 1) r = (1 * 1) % 5 = 1;
    return 1;
```

```
    }
    r = 1;
    r = (1 * 1) % 5;

    return 1;
}
f(1, 2, 5) = 1
```

위와 같이 함수 내부를 하나씩 전개하면서 최종 값을 구할 수 있다. 다음으로 마찬가지 방법으로 7 번 함수 호출도 전개해보자.

```
f(2, 8, 9)
a = 2, b = 8, m = 9;
{
  r = f(2, 4, 9);
  a = 2, b = 4, m = 9;
  {
    r = f(2, 2, 9);
    a = 2, b = 2, m = 9;
    {
      r = f(2, 1, 9);
      a = 2, b = 1, m = 9;
      {
        r = f(2, 0, 9);
        a = 2, b = 0, m = 9;
        {
```

```
        if (b == 0) return 1;
    }
    r = 1;
    r = (1 * 1) % 9 = 1;

        if (1 % 2 == 1) r = (1 * 2) % 9 = 2;

        return 2;
    }
    r = 2;
    r = (2 * 2) % 9 = 4;

    return 4;
}
r = 4;
r = (4 * 4) % 9 = 7;

    return 7;
}
r = 7;
r = (7 * 7) % 9 = 4;

    return 4;
}
(2, 8, 9) = 4
```

마지막에 리턴된 값은 4 가 된다. 위와 같이 하나씩 재귀 호출을 직접 계산하면서 값을 유도해내면 된다.

[문제 8~9]

다음 문제를 풀기 위한 코드를 작성하였다. 빈 칸에 들어갈 것은?

문제

평면에 네 개의 직사각형이 놓여 있는데 그 밑변은 모두 가로축에 평행하다. 이 네 개의 직사각형들은 서로 떨어져 있을 수도 있고, 겹쳐 있을 수도 있고, 하나가 다른 하나를 포함할 수도 있으며, 변이나 꼭지점이 겹칠 수도 있다.

이 직사각형들이 차지하는 면적을 구하는 프로그램을 작성하시오.

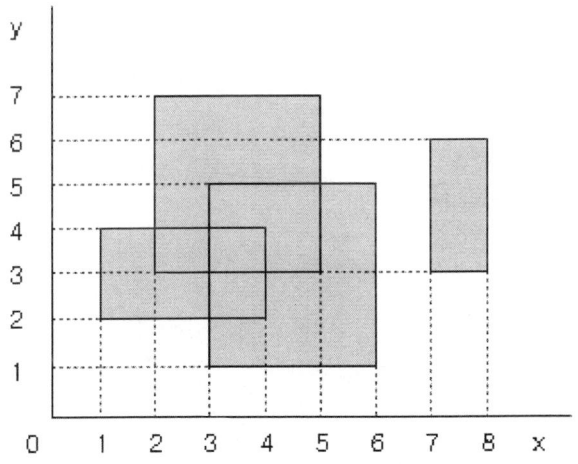

입력 형식

입력 파일의 이름은 INPUT.TXT 로 한다. 입력은 네 줄이며, 각 줄은 직사각형의 위치를 나타내는 네 개의 정수로 주어진다. 첫 번째와 두 번째의 정수는 사각형의 왼쪽 아래 꼭지점의 x 좌표, y 좌표이고 세 번째와 네 번째의 정수는 사각형의 오른쪽 위 꼭지점의 x 좌표, y 좌표이다. 모든 x 좌표와 y 좌표는 1 이상이고 100 이하인 정수이다.

출력 형식

출력 파일의 이름은 OUTPUT.TXT 로 한다. 첫 줄에 네 개의 직사각형이 차지하는 면적을 출력한다.

입력(INPUT.TXT)

```
1 2 4 4
2 3 5 7
3 1 6 5
7 3 8 6
```

출력(OUTPUT.TXT)

```
26
```

코드

```
#include <stdio.h>

void main ()
{
    FILE *fin = fopen("input.txt", "rt");
    FILE *fout = fopen("output.txt", "wt");
    int i, j, k;
    int x1[4], y1[4], x2[4], y2[4];
    int s[100][100];
    int area;

    for (i = 0; i < 4; i++)
        fscanf(fin, "%d %d %d %d", &x1[i], &y1[i], &x2[i], &y2[i]);

    for ( i = 0; i < 4; i++ )
        for ( j = y1[i]; j <= (1) ⬚; j++ )
            for ( k = x1[i]; k <= (2) ⬚; k++ )
                (3) ⬚ ;

    for(i = 1; i < 100; i++)
        for(j = 1; j < 100; j++) area += s[i][j];

    fprintf(fout, "%d\n", area);
}
```

```
    fclose(fin);
    fclose(fout);


}
```

[문제 8]

(1) 과 (2) 에 들어갈 코드는?

① y2[i], x2[i]
② y2[i] − 1, x2[i] − 1
③ y2[i] + 1, x2[i] + 1
④ y2[i], x2[i] − 1
⑤ y2[i] − 1, x2[i]

[문제 9]

(3) 에 들어갈 코드는?

① s[j][k] += 1
② s[k][j] = 1
③ s[j][k] −= 1
④ s[k][j] = 2
⑤ s[j][k] = 1

문제를 풀기 위한 알고리즘부터 알아보자.

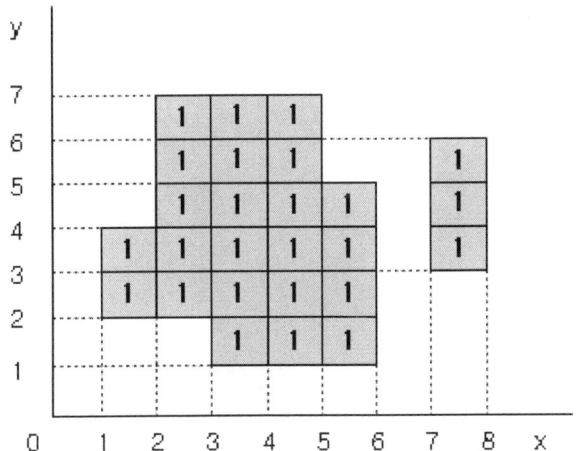

위 그림과 같이 각 같을 1로 세팅해서 1의 개수를 세면 전체 영역의 크기를 구할 수 있다. 따라서, 각 사각형 좌표를 입력받아서 사각형 내의 좌표 내에 1을 세팅하는 과정이 필요하다.

입력 예제 중의 첫 번째 좌표인 "1 2 4 4"에 대해 1을 저장하는 코드를 생각해보자.

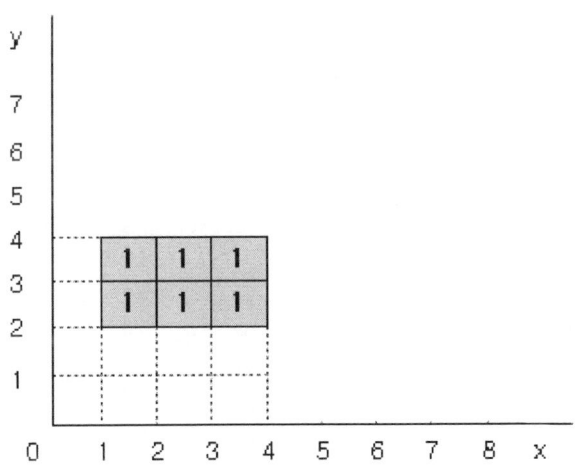

위와 같이 세팅이 되어야 한다. 위 코드에서 처음에 입력 데이터를 차례대로 읽어 들이면 첫 번째 좌표는 x1[0] = 1, y1[0] = 1, x2[0] = 4, y2[0] = 4 로 저장된다. 비어 있는 칸이 있는 코드는 좌표 내의 2 차원 배열의 원소를 1 로 세팅하는 부분이다. 따라서, 위와 같이 6 개의 값이 세팅되도록 빈칸을 채워주어야 한다.

```
for ( j = y1[i]; j <= (1) ⬜⬜⬜⬜; j++ )
  for ( k = x1[i]; k <= (2) ⬜⬜⬜⬜; k++ )
    (3) ⬜⬜⬜⬜ ;
```

위 코드에서 j 는 y 좌표에 대해서 반복되고, k 는 x 좌표에 따라 반복된다. (3) 에는 해당하는 2 차원 배열에 1 로 저장하는 코드로 구성되어야 한다.

처음 y 좌표는 2 ~ 4 까지 반복하면서 넣게 되면, 2, 3, 4 로 3 칸을 사용하여서 세팅하게 된다. 그러나, 위의 그림을 보면 y 좌표 축으로는 2 칸만큼 반복된다. 따라서, 2 ~ 3 까지 반복되도록 해야 한다.

따라서, 첫 번째 반복문은 "for (j = y1[i]; j <= y2[i]-1; j++)" ==> -1 이 된다.

x 좌표 축으로도 1 ~ 4 까지 이지만 그림에서는 3 칸만 반복하면서 1 로 세팅해야 하므로 1 ~ 3 까지 반복하도록 해야 한다.

따라서, 두 번째 반복문은 "for (k = x1[i]; k <= x2[i]-1; k++)" ==> -1 이 된다.

마지막으로 (3) 에는 y 좌표는 j, x 좌표는 k 를 사용한 위치에 1 로 세팅해야 한다. 따라서, 이차원 배열 s 에서 s[j][k] = 1 이 들어가야 한다.

[문제 10]

다음은 문제와 이 문제를 해결하기 위해 작성한 프로그램의 일부이다.

문제

(세 자리 수) × (세 자리 수)는 다음과 같은 과정을 통하여 이루어진다.

```
        4 7 2      …… (1)
      × 3 8 5      …… (2)
      ─────────
        2 3 6 0    …… (3)
      3 7 7 6      …… (4)
    1 4 1 6        …… (5)
    ─────────────
    1 8 1 7 2 0    …… (6)
```

(1)과 (2) 위치에 들어갈 세자리 자연수 a 와 b 가 주어질 때 (3), (4), (5), (6) 위치에 들어갈 값을 차례로 출력하는 프로그램을 작성하시오.

```
#include <stdio.h>

void main()
{
    int a, b;
    scanf( "%d %d" , &a, &b);
```

```
int p = b □ 100;
int q = (b □ p □ 100) / 10;
int r = b □ 10;

printf("%d\n", a * r);
printf("%d\n", a * q);
printf("%d\n", a * p);
printf("%d\n", a * b);
}
```

위 코드에서 빈 칸에는 다음 연산자 중에서 하나가 들어간다. 사용되지 않는 연산자는?

① + ② - ③ * ④ / ⑤ %

이 문제에서 마지막에 출력하는 것은 a * r, a * q, a * p, a * b 이다. a 와 b 의 값이 문제에서 주어진 472 와 385 를 사용하면 (3), (4), (5) 로 계산되기 위해서는 472 * 5, 472 * 8, 472 * 3 이 되어야 한다. 따라서, a * r = 472 * 5, a * q = 472 * 8, a * p = 472 * 3 이 된다.

즉, r = 5, q = 8, p = 3 이 되어야 한다. 첫 번째 괄호가 있는 p 를 구하는 것은 p = b □ 100 이다.

p = 3 = b □ 100 = 385 □ 100

위와 같을 때, +, -, *, /, % 중에서 3 이 나오려면 / 이 들어가야 한다. 따라서. 첫 번째 괄호는 다음과 같이 바뀐다.

p = b / 100

다음으로 두 개의 괄호를 사용하는 q 를 구하는 식은 다음과 같이 구할 수 있다.

q = 8 = (b ☐ p ☐ 100) / 10 = (385 ☐ 3 ☐ 100) / 10

q = 8 을 구해내려면 85 를 10 으로 나누어서 구할 수 있다. 따라서, 괄호 내의 값이 85 가 되어야 한다. 385 에서 300 을 빼면 구할 수 있으므로 전체 식은 다음과 같아진다.

q = (b - p * 100) / 100

마지막으로 r 값을 구해보자.
r = 5 = b ☐ 10 = 385 ☐ 10 = 385 % 10

위와 같이 나머지 연산으로 마지막 숫자를 구할 수 있다. 따라서, 식을 전체적으로 나열하면 다음과 같다.

p = b / 100
q = (b - p * 100) / 10
r = b % 10

따라서, 사용되는 연산자는 /, -, *, % 이고, 사용되지 않는 연산자는 + 이다.

[문제 11]

다음은 문제와 이 문제를 해결하기 위해 작성한 프로그램이다.

문제

평균 이외의 또 다른 대표값으로 최빈값이라는 것이 있다. 최빈값은 주어진 수들 가운데 가장 많이 나타나는 수이다. 예를 들어 10, 40, 30, 60, 30, 20, 60, 30, 40, 50이 주어질 경우,

> 30이 세 번,
> 40과 60이 각각 두 번,
> 10, 20, 50이 각각 한 번씩 나오므로, 최빈값은 30이 된다.

열 개의 자연수 a[1] ~ a[10]가 주어질 때 이들의 최빈값 중 하나를 출력하는 프로그램을 작성하시오.

```
#include <stdio.h>

void main()
{
  int max, res;
  int i, j;
  int a[11] = {-1, 10, 40, 30, 60, 30, 20, 60, 30, 40, 50};

  max = 0;
```

```
res = 0;

for (i = 1; i <= 10; i++) {
  c = 0;

  for (j = 1; j <= 10; j++) {
    if (a[i] == a[j]) c++;
  }

  if (c > max) {
    max = c;
    ☐ ;
  }
}

printf( "%d\n", res);
```

빈 칸에 알맞은 코드는?

① res = c
② res = max
③ res = a[max];
④ res = a[i]
⑤ res = a[j]

위 코드에서 최빈값은 자신과 동일한 원소의 개수를 세는 것으로 시작된다. c 를 0 으로 초기화해두고, a[i] 를 사용해서 j 를 1 ~ 10 까지 모든 원소를 조사하며 a[j] 와 같을 때 c 를 1 씩 증가시킨다. 즉, c 에는 각 원소와 동일한 원소들의 개수가 각각 구해진다.

코드 중간에서 (c > max) 인 경우 max 를 바꾸도록 한다. 즉, max 에는 원소의 개수가 가장 많을 때의 개수가 저장된다. 그 아래 빈칸에는 개수가 최대인 원소가 무엇인지를 저장하는 코드가 들어가야 한다. 마지막에 res 를 저장하므로 res 에 그 원소가 무엇인지를 저장해 주어야 한다. 따라서, 각 원소를 나타내는 a[i] 가 res 에 저장(res = a[i])되어야 한다.

[문제 12~13]

아래와 같은 문제를 해결하기 위해 프로그램을 작성하였다. 물음에 답하여라.

문제

1 부터 연속적으로 번호가 붙어 있는 스위치들이 있다. 스위치는 켜져 있거나 꺼져 있는 상태이다. 〈그림 1〉에 스위치 8 개의 상태가 표시되어 있다. '1' 은 스위치가 켜져 있음을, '0' 은 꺼져 있음을 나타낸다. 그리고 학생 몇 명을 뽑아서, 학생들에게 스위치 개수 이하인 자연수를 하나씩 나누어주었다.

학생들은 자기가 받은 수와 같은 번호가 붙은 스위치를 중심으로 좌우가 대칭이면서 가장 많은 스위치를 포함하는 구간을 찾아서, 그 구간에 속한 스위치의 상태를 모두 바꾼다. 이 때 구간에 속한 스위치 개수는 항상 홀수가 된다.

예를 들어 〈그림 1〉에서 학생이 3을 받았다면, 3번 스위치를 중심으로 2번, 4번 스위치의 상태가 같고 1번, 5번 스위치의 상태가 같으므로, 〈그림 2〉과 같이 1번부터 5번까지 스위치의 상태를 모두 바꾼다. 만약 〈그림 1〉에서 학생이 4를 받았다면, 3번, 5번 스위치의 상태가 서로 다르므로 4번 스위치의 상태만 바꾼다.

스위치 번호	①	②	③	④	⑤	⑥	⑦	⑧
스위치 상태	0	1	1	1	0	1	0	1

〈그림 1〉

스위치 번호	①	②	③	④	⑤	⑥	⑦	⑧
스위치 상태	1	0	0	0	1	1	0	1

〈그림 2〉

입력으로 스위치들의 처음 상태가 주어지고, 각 학생이 받은 수가 주어진다. 학생들이 입력되는 순서대로 자기가 받은 수에 따라 스위치의 상태를 바꾸었을 때, 스위치들의 마지막 상태를 출력하는 프로그램을 작성하시오.

입력 형식

입력 파일의 이름은 INPUT.TXT 이다. 첫째 줄에는 스위치 개수가 주어진다. 스위치 개수는 100 이하인 양의 정수이다. 둘째 줄에는 각 스위치의 상태가 주어진다. 켜져 있으면 1, 꺼져 있으면 0 이라고 표시하고 사이에 빈칸이 하나씩 있다. 셋째 줄에는 학생 수가 주어진다. 넷째 줄부터 마지막 줄까지 한 줄에 하나씩 각 학생이 받은 수가 주어진다. 학생이 받은 수는 스위치 개수 이하인 양의 정수이다.

출력 형식

출력 파일의 이름은 OUTPUT.TXT 이다. 스위치의 상태를 1 번 스위치에서 시작하여 마지막 스위치까지 한 줄에 20 개씩 출력한다. 예를 들어 21 번 스위치가 있다면 이 스위치의 상태는 둘째 줄 맨 앞에 출력한다. 켜진 스위치는 1, 꺼진 스위치는 0 으로 표시하고, 스위치 상태 사이에 빈 칸을 둔다.

입력과 출력의 예

입력(INPUT.TXT)

```
8
0 1 1 1 0 1 0 1
1
3
```

출력(OUTPUT.TXT)

```
1 0 0 0 1 1 0 1
```

코드

```
#include <stdio.h>

int n, m;
bool s[101];

void operation(int x)
{
  int i, temp;

  if (㉠ □ < ㉡ □)
    temp = ㉠ □ ;
  else
    temp = ㉡ □ ;

  for (i = 1; i <= temp; i++) {
    if (s[x + i] != s[x - i]) break;
    ㉢ _____
  }

  s[x] = !s[x];
}

int main()
```

```
{
  int i, a;
  FILE * fin = fopen("INPUT.TXT", "r");
  FILE * fout = fopen("OUTPUT.TXT", "w");

  fscanf(fin, "%d", &n);

  for (i = 1; i <= n; i++) {
    fscanf(fin, "%d", &a);
    if (a == 1)
      s[i] = true;
    else
      s[i] = false;
  }

  fscanf(fin, "%d", &m);

  for (i = 1; i <= m; i++) {
    fscanf(fin, "%d", &a);
    operation(a);
  }

  for (i = 1; i <= n; i++) {
    if (s[i])
      fprintf(fout, "1 ");
    else
```

```
        fprintf(fout, "0 ");

    if (i % 20 == 0 && i != n)
        fprintf(fout, "\n");
  }

  fprintf(fout, "\n");

  fclose(fin);
  fclose(fout);

  return 0;
}
```

[문제 11]

㉠, ㉡에 들어갈 내용은 각각 무엇인가?

① x, (n − x)
② (x + 1), (n − x)
③ (x + 1), (n − 1 − x)
④ (x − 1), (n − x)
⑤ (x − 1), (n − 1 − x)

[문제 12]

다음 중 ⓒ에 들어갈 수 없는 내용은 무엇인가?

① s[x + i] = !s[x + i];
　s[x − i] = !s[x − i];
② s[x + i] = !s[x − i];
　s[x − i] = s[x + i];
③ s[x + i] = !s[x + i];
　s[x − i] = s[x + i];
④ s[x + i] = !s[x − i];
　s[x − i] = !s[x − i];
⑤ s[x + i] = !s[x − i];
　s[x − i] = !s[x + i];

위 프로그램 코드에서 첫 번째 for 문은 스위치의 상태를 입력받는 문장들로 구성되어 있다. 두 번째 for 문에서는 숫자에 따라서 스위치 상태를 바꾸는 operation(a) 함수를 호출한다.
operation 함수만 따로 살펴보자.

```
void operation(int x)
{
  int i, temp;

  if (㉠ ☐ 〈 ㉡ ☐ )
    temp = ㉠ ☐ ;
```

```
else
  temp = ⓛ ☐ ;

for (i = 1; i <= temp; i++) {
  if (s[x + i] != s[x - i]) break;

   ⓒ
}

s[x] = !s[x];
}
```

for 를 기준으로 살펴보면, 1 부터 temp 까지 반복하도록 한다. 여기서, temp 는 양쪽으로 증가되어 갈 때, 좌우폭을 나타낸다. 예를 들어, 배열이 다음과 같이 8 개고, x 가 3 이면 좌우폭은 2 이 된다.

s[1]	s[2]	s[3]	s[4]	s[5]	s[6]	s[7]	s[8]
2	1	*	1	2			
	3	2	1	*	1	2	3

또는 5 가 들어오면 폭이 3 이 된다. 즉, 입력되는 수가 전체 개수의 절반이 8 / 2 = 4 를 넘지 않으면 그 수에서 1 을 뺀 수가 폭이 되고, 절반을 넘어가면 전체 개수 "8 - 입력된 수"에서 1을 뺀 수가 폭이 된다.

입력된 수가 x 라면, x-1 하고, n-x 이 비교된다. 두 수 중에서 더 작은 수가 폭이 되는 것이다. 위의 예에서 만일 3 이라면, 폭이 3-1 = 2 와 8-3 = 5 중에서 더 작은 3 이 해당 폭이 되는 것이다. 따라서 temp 를 구하는 코드는 다음과 같다.

```
if (x-1 < n-x )
  temp = x-1;
else
  temp = n-x;
```

다음으로 for 를 이용해서 1 부터 폭인 temp 사이까지 좌우로 이동하면서 두 개의 값이 같을 경우 값을 0 은 1로, 1은 0 으로 바꾸면서 이동시킨다.

중심 점의 좌표가 x 인 위치에서 i 가 1 ~ temp 까지 옮겨가면서 s[x+i] 와 s[x-i] 의 값이 같으면 값을 0 은 1로, 1은 0 으로 바꾼다. 1 과 0 의 값을 바꿀 때는 들어 있는 값에 '!' 을 취해서 바꿀 수 있다.

```
for (i = 1; i <= temp; i++) {
  // 아래 조건 문은 양쪽에 위치한 값이 다를 때 for 를 빠져
  // 나가도록 구성되어 있다.
  if (s[x + i] != s[x - i]) break;
  s[x+i] = ! s[x+i];
  s[x-i] = ! s[x-i];
}
```

[문제 13~14]

아래와 같은 문제를 해결하기 위해 프로그램을 작성하였다. 물음에 답하여라.

문제

점심 시간이 되면 반 학생 모두가 한 줄로 줄을 서 급식을 탄다. 그런데 매일 같이 앞자리에 앉은 학생들이 앞에 줄을 서 먼저 점심을 먹고, 뒷자리에 앉은 학생들은 뒤에 줄을 서 늦게 점심을 먹게 된다. 어떻게 하면 이러한 상황을 바꾸어 볼 수 있을까 고민하던 중 선생님이 한 가지 방법을 내 놓았다. 그 방법은 다음과 같다.

학생들이 한 줄로 줄을 선 후, 첫 번째 학생부터 차례로 번호를 뽑는다. 첫 번째로 줄을 선 학생은 무조건 0 번 번호를 받아 제일 앞에 줄을 선다. 두 번째로 줄을 선 학생은 0 번 또는 1 번 둘 중 하나의 번호를 뽑는다. 0 번을 뽑으면 그 자리에 그대로 있고, 1번을 뽑으면 바로 앞의 학생 앞으로 가서 선다. 세 번째로 줄을 선 학생은 0, 1 또는 2 중 하나의 번호를 뽑는다. 그리고 뽑은 번호만큼 앞자리로 가서 줄을 선다. 마지막에 줄을 선 학생까지 이와 같은 방식으로 뽑은 번호만큼 앞으로 가서 줄을 서게 된다. 각자 뽑은 번호는 자신이 처음에 선 순서보다는 작은 수이다.

예를 들어 5 명의 학생이 줄을 서고, 첫 번째로 줄을 선 학생부터 다섯 번째로 줄을 선 학생까지 차례로 0, 1, 1, 3, 2번의 번호를 뽑았다고 하자. 첫 번째 학생부터 다섯 번째 학생까지 1부터 5로 표시하면 학생들이 줄을 선 순서는 다음과 같이 된다.

첫 번째 학생이 번호를 뽑은 후 : 1
두 번째 학생이 번호를 뽑은 후 : 2 1
세 번째 학생이 번호를 뽑은 후 : 2 3 1
네 번째 학생이 번호를 뽑은 후 : 4 2 3 1

다섯 번째 학생이 번호를 뽑은 후 : 4 2 5 3 1

따라서 최종적으로 학생들이 줄을 선 순서는 4, 2, 5, 3, 1이 된다.

줄을 선 학생들이 차례로 뽑은 번호가 주어질 때 학생들이 최종적으로 줄을 선 순서를 출력하는 프로그램을 작성하시오.

입력

입력 파일의 이름은 INPUT.TXT 로 한다. 첫째 줄에는 학생의 수가 주어지고 둘째 줄에는 줄을 선 차례대로 학생들이 뽑은 번호가 주어진다. 학생의 수는 100 이하이고, 학생들이 뽑는 번호는 0 또는 자연수이며 학생들이 뽑은 번호 사이에는 빈 칸이 하나씩 있다.

출력

출력 파일의 이름은 OUTPUT.TXT 로 한다. 학생들이 처음에 줄을 선 순서대로 1번부터 번호를 매길 때, 첫째 줄에 학생들이 최종적으로 줄을 선 순서를 그 번호로 출력한다. 학생 번호 사이에는 한 칸의 공백을 출력한다.

입력과 출력의 예

입력(INPUT.TXT)

```
5
0 1 1 3 2
```

출력(OUTPUT.TXT)

```
4 2 5 3 1
```

코드

```c
#include <stdio.h>

#define MAX_N 100

int n;
int num[MAX_N];
int order[MAX_N];

void Input ()
{
    FILE *f = fopen ("input.txt", "rt");

    fscanf(f, "%d\n", &n);

    for (int i = 0; i < n; i++)
        fscanf(f, "%d", &num[i]);

    fclose( f );
}
```

```
void Arrange ()
{
  int i, j;

  for (i = 0; i < n; i++)
  {
    for (j = 0; j < num[i]; j++)
      (1) ▭ ;

    order[(2) ▭ ] = i + 1;
  }
}

void Output ()
{
  FILE *f = fopen ( "output.txt", "wt" );

  for (int i = 0; i < n; i++)
    fprintf(f, "%d ", order[i]);

  fclose(f);
}

void main ()
{
```

```
    Input();
    Arrange();
    Output();
}
```

[문제 13]

빈 칸 (1)에 알맞은 내용은?

① order[i − j] = order[i − j − 1]
② order[i − j] = order[i − j + 1]
③ order[i − j − 1] = order[i − j]
④ order[i − j + 1] = order[i − j]
⑤ order[i − j − 1] = order[i − j + 1]

[문제 14]

빈 칸 (2)에 알맞은 내용은?

① i
② num[i]
③ i − num[i]
④ i + num[i]
⑤ i − num[i] + 1

우선 문제부터 분석해보자. 입력이 "0 1 1 3 2"가 입력되면 해당 수 만큼 자리를 이동시켜서 넣어주어야 한다. 코드에서는 Input() 함수를 사용하여 num 배열에 이 값을 입력받는다. num 배열은 다음과 같은 값을 갖게 된다.

num[0]	num[1]	num[2]	num[3]	num[4]
0	1	1	3	2

이제 위 값을 사용해서 배열을 세팅해야 한다. 실제 세팅하는 Arrange() 함수를 살펴보도록 하자.

```
void Arrange ()
{
  int i, j;

  for (i = 0; i < n; i++)
  {
    for (j = 0; j < num[i]; j++)
      (1) [            ] ;

    order[(2) [        ] ] = i + 1;
  }
}
```

위 코드에서는 order 배열에 해당하는 값을 넣도록 하고 있다. 먼저 문제에서 제시하는 방법대로 order 를 세팅하는 과정을 나열해보자.

처음 num[0] = 0 값에 따라 처음에는 order 배열에 아무런 변화없이 첫 번째 위치에 1을 넣도록 한다.

order[0]	order[1]	order[2]	order[3]	order[4]
1				

다음으로 num[1] = 1 값 만큼 수를 뒤로 옮긴다.

order[0]	order[1]	order[2]	order[3]	order[4]
	1			

현재 두 번째 수가 들어갈 위치이므로 한 번 옮기면 위와 같이 된다. 이때 다음 수인 2를 넣도록 한다.

order[0]	order[1]	order[2]	order[3]	order[4]
2	1			

다음으로 num[2] = 1 을 받으면 세 번째 자리이므로 한 번만 이동 시키면 다음과 같아진다.

order[0]	order[1]	order[2]	order[3]	order[4]
2		1		

이제 세 번째 수를 세 번째 위치에서 num[2] 만큼 앞의 자리에 넣도록 한다.

order[0]	order[1]	order[2]	order[3]	order[4]
2	3	1		

다음으로 num[3] = 3 을 이용해서, 네 번째 위치를 기준으로 3 개의 값을 뒤로 이동시키면 다음과 같아진다.

order[0]	order[1]	order[2]	order[3]	order[4]
	2	3	1	

그리고 네 번째 값을 넣으면 다음과 같다.

order[0]	order[1]	order[2]	order[3]	order[4]
4	2	3	1	

마지막으로 num[4] = 2 를 이용해서, 다섯 번째 위치를 기준으로 2 개 만큼 뒤로 이동시킨다.

order[0]	order[1]	order[2]	order[3]	order[4]
4	2		3	1

마지막으로 5 를 다섯 번째 위치에서 num[4] 만큼 앞에 넣으면 최종적으로 다음과 같이 세팅된다.

order[0]	order[1]	order[2]	order[3]	order[4]
4	2	5	3	1

이제 중간 단계를 활용해서 코드에 맞는 부분을 선택하도록 해보자. num[3] 을 이용하는 경우로 풀어보자. 우선 이동하기 전의 상태는 다음과 같다.

order[0]	order[1]	order[2]	order[3]	order[4]
2	3	1		

이때 num[3] 만큼 이동하는 코드는 다음과 같다.

```
for (j = 0; j < num[i]; j++)
    (1) ▭ ;
```

답안에서 제시하는 코드를 하나씩 넣어보도록 하자.

① order[i - j] = order[i - j - 1]
② order[i - j] = order[i - j + 1]
③ order[i - j - 1] = order[i - j]
④ order[i - j + 1] = order[i - j]
⑤ order[i - j - 1] = order[i - j + 1]

현재 i 의 값은 3 이고, num[i] = num[3] = 3 이므로 코드와 답안을 다음과 같이 바꿀 수 있다.

```
for (j = 0; j < 3; j++)
    (1) ▭ ;
```

① order[3 − j] = order[3 − j − 1]
② order[3 − j] = order[3 − j + 1]
③ order[3 − j − 1] = order[3 − j]
④ order[3 − j + 1] = order[3 − j]
⑤ order[3 − j − 1] = order[3 − j + 1]

위 문장에서 j는 0 ~ 2까지 변한다. 처음 j가 0이면 답안은 다음과 같다.

① order[3 − 0] = order[3 − 0 − 1]
   order[3] = order[2]

order[0]	order[1]	order[2]	order[3]	order[4]
2	3		1	

② order[3 − 0] = order[3 − 0 + 1]
   order[3] = order[4]

order[0]	order[1]	order[2]	order[3]	order[4]
2	3	1		

이건 없는 데이터를 옮기는 것이므로 답에서 일단 제외해야 한다.

③ order[3 − 0 − 1] = order[3 − 0]
   order[2] = order[3]

order[0]	order[1]	order[2]	order[3]	order[4]
2	3			

이것 역시 order[3]에 없는 값을 order[2]에 넣어서 원래의 값을 지워버리는 효과가 있으므로, 답에서 일단 제외해야 한다.

④ order[3 - 0 + 1] = order[3 - 0]
　order[4] = order[3]

order[0]	order[1]	order[2]	order[3]	order[4]
2	3	1		

이것 역시 없는 데이터를 옮기는 것이므로 답에서 일단 제외해야 한다.

⑤ order[3 - 0 - 1] = order[3 - 0 + 1]
　order[2] = order[4]

order[0]	order[1]	order[2]	order[3]	order[4]
2	3			

이것 역시 없는 데이터를 옮기는 것이므로 답에서 일단 제외해야 한다.

따라서, 우리가 원하는 대로 데이터를 뒤로 옮기는 것은 ① 번이다. 다음으로, 두 번째로 빈 칸을 선택해보자.

order[0]	order[1]	order[2]	order[3]	order[4]
	2	3	1	

위와 같이 for 문으로 이동한 뒤에서는 현재 i = 3 과 num[3] = 3 을 이용해서 order[□] 에 i+1 인 4 를 대입해야 한다. i 와 num[3] 을 이용해서 order[0] 이 되려면, order[i-num[i]] 로 계산할 수 있다.

[문제 15~16]

아래와 같은 문제를 해결하기 위해 프로그램을 작성하였다. 물음에 답하여라.

문제

다음과 같은 규칙에 따라 수들을 만들려고 한다.
규칙 1. 첫 번째 수로 양의 정수가 주어진다.
규칙 2. 두 번째 수는 양의 정수 중에서 하나를 선택한다.
규칙 3. 세 번째부터 이후에 나오는 모든 수는 앞의 앞의 수에서 앞의 수를 빼서 만든다. 예를 들어, 세 번째 수는 첫 번째 수에서 두 번째 수를 뺀 것이고, 네 번째 수는 두 번째 수에서 세 번째 수를 뺀 것이다.
규칙 4. 음의 정수가 만들어지면, 이 음의 정수를 버리고 더 이상 수를 만들지 않는다.

첫 번째 수로 100 이 주어질 때, 두 번째 수로 60 을 선택하여 위의 규칙으로 수들을 만들면 7 개의 수들 100, 60, 40, 20, 20, 0, 20 이 만들어진다. 그리고 두 번째 수로 62를 선택하여 위의 규칙으로 수들을 만들면 8개의 수들 100, 62, 38, 24, 14, 10, 4, 6 이 만들어진다. 위의 예에서 알 수 있듯이, 첫 번째 수가 같더라도 두 번째 수에 따라 만들어지는 수들의 개수가 다를 수 있다.

입력으로 첫 번째 수 N이 주어질 때, 이 수에서 시작하여 위의 규칙으로 만들어질 수 있는 수들의 최대 개수를 출력하는 프로그램을 작성하시오.

코드

```
#include <stdio.h>

void main ()
{
  int max, i, c, p, q, r, n;

  scanf( "%d" , &n);

  max = 0;

  for ( i = 1; i <= n; i++ )
  {
    c = (1)【        】;
    p = n;
    q = i;
    r = p - q;

    while (r >= 0)
    {
      c++;

      (2)【    】
      r = p - q;
    }
}
```

```
    if ( c > max ) max = c;
  }

  printf( "%d\n", max );
}
```

[문제 15]

빈 칸 (1)에 알맞은 내용은?

① 0   ② 1   ③ 2   ④ 3   ⑤ 4

[문제 16]

빈 칸 (2)에 알맞은 내용은?

① p = q;
   q = r;
② q = r;
   p = q;
③ p = r;
   q = p;
④ q = p;
   p = r;
⑤ p = q;

q = p-q;

 이 문제에서는 첫 번째 수는 입력된 n 이 되고, 두 번째 수는 for 를 이용해서 1 ~ n 사이의 값을 반복하는 수로 입력된다. 그리고, r 에 세 번째 수 네 번째 수를 구하면서 r 이 0 보다 큰 동안 개수를 1 씩 계속 증가시키도록 한다.

 c 에 개수를 구하는데, r 이 세 번째 수부터 0 보다 큰 마지막 수까지를 나타내므로 처음에 두 개의 수를 미리 저장해두어야 한다. 따라서, (1) 에 들어가야 할 값은 2 가 된다.

 다음으로 처음에 p = n, q = i, r = p-q 로 첫 번째, 두 번째, 세 번째 수를 각각 저장하게 된다. while 로 계속 반복하면서 다음 번에는 p, q, r 이 두 번째, 세 번째, 네 번째를 가리키고, 또 다음 번에는 p, q, r 이 세 번째, 네 번째, 다섯 번째 수를 가리키도록 해야 한다. 여기서, 마지막 r 은 p 와 q 를 이용해서 계산된다. 그 전에 p 와 q 는 각각 다음수를 저장해야 한다. p 의 경우는 다음 수가 q 에 저장되어 있으므로 p = q 로 저장할 수 있고, q 의 경우는 다음 수가 r 에 저장되어 있으므로 q = r 로 저장할 수 있다. 따라서, (2) 에는 p = q, q = r 이 되어야 한다.

[문제 17~18]

 아래와 같은 문제를 해결하기 위해 프로그램의 일부를 작성하였다. 물음에 답하여라.

문제

 수직선 위 각기 다른 위치에 사각형 모양의 점 두 개와 삼각형 모양의 점 두 개가 있다. 점들의 위치가 주어질 때 사각형 모양의 점과 삼각형 모양의 점이 번갈아 나오면(■ -

▲-■-▲ 또는 ▲-■-▲-■) 'Yes', 그렇지 않으면 'No'라고 출력하는 프로그램을 작성하시오.

예를 들어, 점들이 아래 그림과 같이 주어졌다고 하면 사각형 모양의 점과 삼각형 모양의 점이 번갈아 나오므로 'Yes'를 출력하면 된다.

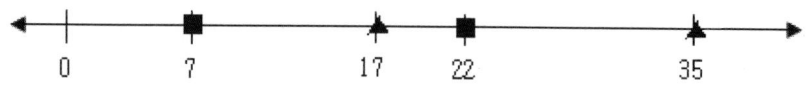

코드

```
// a, b : 사각형 모양의 두 점 위치
// x, y : 삼각형 모양의 두 점 위치

(1)

c = 0;
if ( a < x && x < b ) c++;
if ( a < y && y < b ) c++;
if ((2)          ) printf( "Yes" );
else printf( "No" );
```

[문제 17]

위 빈 칸 (1)에서 수행되어야 할 작업에 대한 설명으로 알맞은 것은?

① a와 b를 비교해서 a가 더 크면 a와 b를 바꾸어 준다.
② a와 b를 비교해서 b가 더 크면 a와 b를 바꾸어 준다.
③ x와 y를 비교해서 x가 더 크면 x와 y를 바꾸어 준다.
④ x와 y를 비교해서 y가 더 크면 x와 y를 바꾸어 준다.
⑤ a와 x를 비교해서 a가 더 크면 a와 x를 바꾸어 준다.

[문제 18]

위 빈 칸 (2)에 알맞은 내용은?

① c == 0   ② c == 1   ③ c == 2   ④ c <= 1   ⑤ c >= 1

위 코드에서 주의해서 보아야 할 부분은 첫 번째와 두 번째 if 문이다. 이 2 개의 if 문에서는 x 와 y 가 a 와 b 사이에 있으면 c 를 증가시킨다. 즉, 사각형 모양이 있는 두 점의 위치인 a 와 b 사이에 삼각형 모양이 하나만 들어오면 문제에서 말하는 번갈아 나타나는 모양이 된다. 따라서, c 의 값이 1 이면 "Yes"를 출력해야 한다. (2) 에는 "c == 1" 이 들어가야 한다.

그리고, 2 개의 if 문에서 a 보다 x 나 y 가 크고, b 보다 작은 지를 검사하므로, a 와 b 는 항상 a < b 가 되어야 한다. 따라서, a 가 b 보다 크면 두 수를 바꾸는 것이 (1) 에서 이루어져야 한다.

[문제 19~21]

아래와 같은 문제를 해결하기 위해 프로그램을 작성하였다. 물음에 답하여라.

문제

천수는 여러 종류의 주사위를 가지고 쌓기 놀이를 하고 있다. 주사위의 모양은 모두 크기가 같은 정육면체이며 각 면에는 1부터 6까지의 숫자가 하나씩 적혀있다. 그러나 보통 주사위처럼 마주 보는 면에 적혀진 숫자의 합이 반드시 7이 되는 것은 아니다.

주사위 쌓기 놀이는 아래에서부터 1번 주사위, 2번 주사위, 3번 주사위, … 의 순서로 쌓는 것이다. 쌓을 때 다음과 같은 규칙을 지켜야 한다: 서로 붙어 있는 두 개의 주사위에서 아래에 있는 주사위의 윗면에 적혀있는 숫자는 위에 있는 주사위의 아랫면에 적혀있는 숫자와 같아야 한다. 다시 말해서, 1번 주사위 윗면의 숫자는 2번 주사위 아랫면의 숫자와 같고, 2번 주사위 윗면의 숫자는 3번 주사위 아랫면의 숫자와 같아야 한다. 단, 1번 주사위는 마음대로 놓을 수 있다.

이렇게 쌓아 놓으면 긴 사각 기둥이 된다. 이 사각 기둥에는 4개의 긴 옆면이 있다. 이 4개의 옆면 중에서 어느 한 면의 숫자의 합이 최대가 되도록 주사위를 쌓고자 한다. 이렇게 하기 위하여 각 주사위를 위 아래를 고정한 채 옆으로 90도, 180도, 또는 270도 돌릴 수 있다. 한 옆면의 숫자의 합의 최대값을 구하는 프로그램을 작성하시오.

입력 형식

입력 파일의 이름은 INPUT.TXT 로 한다. 첫줄에는 주사위의 개수가 입력된다. 그 다음 줄부터는 한 줄에 하나씩 주사위의 종류가 1번 주사위부터 주사위 번호 순서대로 입력된다. 주사위의 종류는 각 면에 적혀진 숫자가 그림 1에 있는 주사위의 전개도에서 A, B, C, D, E, F 의 순서로 입력된다. 입력되는 숫자 사이에는 빈 칸이 하나씩 있다. 주사위의 개수는 10,000개 이하이며 종류가 같은 주사위도 있을 수 있다.

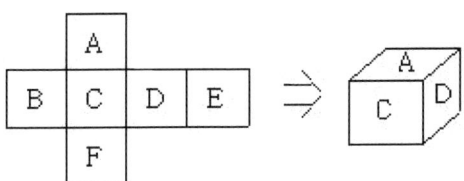

출력 형식

출력 파일의 이름은 OUTPUT.TXT 로 한다. 한 옆면의 숫자의 합이 가장 큰 값을 출력한다.

입력과 출력의 예

입력(INPUT.TXT)

```
5
2 3 1 6 5 4
3 1 2 4 6 5
5 6 4 1 3 2
1 3 6 2 4 5
4 1 6 5 2 3
```

출력(OUTPUT.TXT)

```
29
```

※ 입력 예의 주사위들을 쌓아서 출력 예와 같은 합을 얻으려면 아래 그림과 같이 쌓으면 된다.

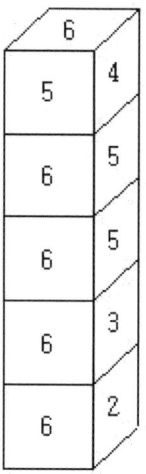

코드

```
#include <stdio.h>

#define MAX_N 10000

int n;
int dice[MAX_N][6], pos[MAX_N][7];
int opposite[6] = { (1)                };
int max;

void Input ()
```

```
{
    FILE *f = fopen("input.txt", "r");
    fscanf(f, "%d\n", &n);
    int i, j;

    for (i = 0; i < n; i++)
        for (j = 0; j < 6; j++)
        {
            fscanf(f, "%d", &dice[i][j]);
            pos[i][dice[i][j]] = j;
        }

    fclose(f);
}

void Output ()
{
    FILE *f = fopen ("output.txt", "w");
    fprintf(f, "%d\n", max);
    fclose(f);
}

void main ()
{
    int i, j;
    int k1, k2;
```

```
int p, o;
int m, sum;;

Input();

for (i = 0; i < 6; i++)
{
  sum = 0;
  k1 = dice[0][i];

  for ( j = 0; j < n; j++ )
  {
    p = pos[j][k1];
    o = opposite[p];
    k2 = dice[j][o];

    if (k1 != 6 && k2 != 6) m = 6;
    else if (k1 != 5 && k2 != 5) m = 5;
    else m = 4;
    sum += m;
    (2) [            ] ;
  }

  if ( (3) [            ] ) max = sum;
}
Output();
```

```
}
```

[문제 19]

빈 칸 (1)에 알맞은 내용은?

① 5, 0, 1, 3, 4, 2 ② 5, 1, 2, 3, 4, 0 ③ 5, 2, 1, 4, 0, 3
④ 5, 3, 4, 1, 2, 0 ⑤ 5, 4, 3, 2, 1, 0

[문제 20]

빈 칸 (2)에 알맞은 내용은?

① k1 = k2 ② k2 = k1 ③ k1 += k2 ④ k2 += k1 ⑤ k1++

[문제 21]

빈 칸 (3)에 알맞은 내용은?

① sum == max ② sum 〉 max ③ sum 〈 max
④ sum != max ⑤ sum % max == 0

문제에서는 현재 면의 반대 면 사용해서 반대면을 출력해야 한다. (1) 에는 opposite 배열의 값을 채우는 원소들로 구성이 되어야 한다. opposite 는 반대를 나타내는 말이다.

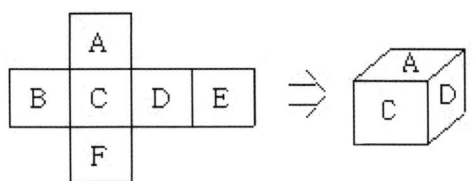

위 그림에서 A ~ F 까지의 면을 0 ~ 5 라는 값으로 opposite 의 각 인덱스를 나타낸다고 하면, opposite 의 각 원소에는 반대 면의 번호를 아래와 같이 저장해야 한다.

A	B	C	D	E	F
F	D	E	B	C	A

A ~ F 는 0 ~ 5 에 대응되며, 윗 줄은 opposite 배열의 인덱스이고, 아랫 줄은 반대면이다. 배열로 표현하면 다음과 같다.

opposite [0]	Opposite [1]	opposite [2]	opposite [3]	opposite [4]	opposite [5]
5	3	4	1	2	0

따라서, 첫 번째 빈칸이 포함된 opposite 배열을 초기화하는 코드는 다음과 같다.

```
int opposite[6] = {5, 3, 4, 1, 2, 0};
```

다음으로 두 번째 빈 칸과 세 번째 빈 칸이 포함된 코드를 분석해보자.

```
for (i = 0; i < 6; i++)
{
  sum = 0;
  k1 = dice[0][i];

  for ( j = 0; j < n; j++ )
  {
    p = pos[j][k1];
    o = opposite[p];
    k2 = dice[j][o];

    if (k1 != 6 && k2 != 6) m = 6;
    else if (k1 != 5 && k2 != 5) m = 5;
    else m = 4;
    sum += m;
    (2) [_____] ;
  }

  if ( (3) [_____] ) max = sum;
}
```

위 코드에서 첫 번째 for 의 역할은 제일 처음에 쌓이는 주사위의 윗면을 나타낸다. 첫 번째 윗 면으로 1 ~ 6(dice[0][i]) 까지의 값이 처음에 들어간다. 현재 dice 는 A ~ F 까지의 면에 실제 주사위의 눈을 나타내는 숫자가 들어가는 것으로 1 ~ 6 을 사용한다.

pos 에는 각 주사위 숫자의 눈이 A ~ F 면에 차례대로 붙는 인덱스로 저장한다. 실제 저장 코드를 한번 살펴 보자.

```
for (i = 0; i < n; i++)
  for (j = 0; j < 6; j++)
  {
    fscanf(f, "%d", &dice[i][j]);
    pos[i][dice[i][j]] = j;
  }
```

입력되는 각 주사위 눈의 값이 pos 배열에 차례대로 A ~ F 면으로 저장된다. 예를 들어 첫 번째 주사위 눈의 값으로 "2 3 1 6 5 4"가 들어오면 A ~ F 각 면에 다음과 같이 들어간다.

A	B	C	D	E	F
2	3	1	6	5	4

그런데 pos 배열에는 밑에 값을 인덱스로 사용해서 반대로 다음과 같이 저장해준다.

pos[1]	pos[2]	pos[3]	pos[4]	pos[5]	pos[6]
C	A	B	F	E	D

위와 같이 들어가지만, A ~ F 가 숫자로 0 ~ 5 에 해당하므로 다음과 같이 저장된다.

pos[1]	pos[2]	pos[3]	pos[4]	pos[5]	pos[6]
2	0	1	5	4	3

첫 번째 주사위의 윗면을 k1 에 저장했으므로, 아랫 면을 구하도록 한다.

```
p = pos[j][k1];
o = opposite[p];
k2 = dice[j][o];
```

p 에는 첫 번째 눈이 저장된 위치를 저장하고, o 에는 그 위치의 반대되는 면의 인덱스를 우선 구하고, 마지막으로 k2 에는 그 반대 면 위치에 저장된 눈의 값을 저장한다.

```
if (k1 != 6 && k2 != 6) m = 6;
else if (k1 != 5 && k2 != 5) m = 5;
else m = 4;
sum += m;
(2) ▭                    ;
```

다음으로 if ~ else if ~ else 문은 윗 면과 아랫 면을 제외한 옆면의 눈 중에서 가장 큰 값을 구하는 코드이다. k1 과 k2 에 현재 주사위의 윗면과 아랫면의 눈의 값이 들어 있으므로, 이 두 값 중에 6 이 없다면 옆면 중에서 가장 큰 값은 6 이 되고, 그렇지 않은 경우 이 두 값 중에서 5 가 없다면 옆 면 중 가장 큰 값은 5 가 되며, 두 가지 경우가 아니면 옆면에서 가장 큰 값은 4 가 된다. 따라서, m 에는 옆면 중에서 가장 큰 값이 구해지면, 이 값이 전체 합계에 구해진다.

(2) 번 빈칸에는 for 에서 필요한 초기 값이 들어가야 한다. 처음 for 에 들어가기 전에 k1 에 현재 주사위의 윗면의 값을 구했었다. 다시 for 가 돌기 전에도 k1 에 다음 주사위의 윗면을 구해 넣어야 한다. 문제에서는 위아래로 주사위가 쌓이면 맞닿는 두 면의 값이 같아야 한다고 했다. 현재 주사위의 아랫면이 k2 면 다음 주사위의 윗 면은 k2 와 같은 값이 되어야 한다. 따라서, k1 = k2 가 빈 칸에 들어가야 한다.

(3) 번 빈칸은 의외로 쉬운 문제이다. max 를 sum 으로 갱신하는 것으로 max 보다 sum 값이 크면 갱신하는 것이다. 따라서 if 에는 "sum > max" 가 들어가야 한다.

[문제 22~23]

아래와 같은 문제를 해결하기 위해 프로그램을 작성하였다. 물음에 답하여라.

문제

KOI 준비를 위해 회의를 개최하려 한다. 주최측에서는 회의에 참석하는 사람의 수와 참석자들 사이의 관계를 따져 하나 이상의 위원회를 구성하려고 한다. 위원회를 구성하는 방식은 다음과 같다.

1. 서로 알고 있는 사람은 반드시 같은 위원회에 속해야 한다.
2. 효율적인 회의 진행을 위해 위원회의 수는 최대가 되어야 한다.

회의에 참석하는 인원과 서로 아는 사이의 리스트가 주어질 때 위원회의 수를 출력하는 프로그램을 작성하시오.

입력 형식

입력 파일의 이름은 INPUT.TXT 로 한다. 입력 파일의 첫째 줄에 회의에 참석하는 사람의 수 N 이 주어진다. 참석자들은 1 부터 N 까지의 자연수로 표현되며 회의에 참석하는 인원은 100 이하이다. 둘째 줄에는 서로 알고 있는 관계의 수 M 이 주어진다. 이어 M 개의 각 줄에는 서로 아는 사이인 참석자를 나타내는 두 개의 자연수가 주어진다.

출력 형식

출력 파일의 이름은 OUTPUT.TXT 로 한다. 첫째 줄에는 구성되는 위원회의 수 K 를 출력한다.

입력과 출력의 예

입력(INPUT.TXT)

```
8
7
1 2
2 3
4 5
5 6
4 6
6 7
7 4
```

출력(OUTPUT.TXT)

```
3
```

코드

```c
#include <stdio.h>

#define MAX_N      100

int n, m;
int list[MAX_N + 1][MAX_N];
int degree[MAX_N + 1];
bool visited[MAX_N + 1];
int count;

void Input ()
{
    FILE *f = fopen("input.txt", "rt");

    int i;
    int p, q;

    fscanf(f, "%d", &n);
    fscanf(f, "%d", &m);
```

```
  for (i = 0; i < m; i++)
  {
    fscanf(f, "%d %d", &p, &q);

    list[p][degree[p]++] = q;
    list[q][degree[q]++] = p;
  }

  fclose( f );
}

void DFS (int v)
{
  visited[v] = true;

  (A) [_____] ;

  for (int i = 0; i < degree[v]; i++)
    if ( !visited[(1) [_____] ])
    {
      DFS( (1) [_____] );
      (B) [_____] ;
    }
}

void Divide ()
```

```
{
  for (int i = 0; i < n; i++)
  {
    (C) [_____] ;
    if ( !visited[i] )
    {
      (D) [_____] ;
      DFS( i );
    }
    else (E) [_____] ;
  }
}

void Output ()
{
  FILE *f = fopen ( "output.txt", "wt" );

  fprintf( f, "%d\n", count);

  fclose( f );
}

void main ()
{
  Input();
  Divide();
```

```
  Output();
}
```

[문제 22]

빈 칸 (1)에 알맞은 내용은?

① i ② list[v][i] ③ list[i][v] ④ list[count][i] ⑤ list[i][count]

[문제 23]

count++ 가 들어가야 하는 곳은?

① (A) ② (B) ③ (C) ④ (D) ⑤ (E)

main 에서 Divide 함수를 호출하고, Divide 에서 0 ~ n-1 사이의 정점을 하나씩 방문하면서 가장 아직 방문되지 않은 정점이 속하는 위원회와 같은 위원회에 속하는 위원들을 방문한 것으로 체크하는 DFS 를 호출하도록 구성되어 있다.

DFS 는 알고리즘 중에서 깊이 우선 탐색하는 알고리즘으로 비전서 2 권을 참고하기 바란다. 우선 (1) 빈 칸을 채우는 코드를 살펴보도록 하자.

```
void DFS (int v)
{
  visited[v] = true;
```

```
for (int i = 0; i < degree[v]; i++)
    if ( !visited[(1)            ] )
    {
        DFS( (1)           );
    }
}
```

위의 코드는 v 번 위원이 방문 되지 않은 경우 방문한 것으로 우선 체크(visited[v] = true)한다. 다음 v 번 정점과 연결되어 있는 점들을 검사하여 방문되어 있지 않은 점 중에서 같은 위원회에 속하는 정점으로 또다시 방문하도록 하는 코드로 구성된다.

if 문만 살펴보면, v 와 연결되어 있는 점이 방문되었는지를 검사해야 한다. 따라서 visited[list[v][i]] 가 되어야 한다.

다음으로 count++ 이 들어갈 위치에 대해서 알아보자. 마지막에 count 를 출력하므로 이 값은 위원회의 수를 나타내는 변수임을 알 수 있다. 따라서, 위원회를 체크할 수 있는 곳에 들어가야 한다. 위 코드에서 보면 Divide 에서 아직 방문하지 않은 최초의 위원을 찾는 코드로 구성된다. 방문하지 않은 경우, 이 위원과 연결된 모든 위원을 찾고 visited 배열의 해당 위원의 값을 true 로 바꾼다. 따라서, 방문하지 않은 위원이 발생될 때 위원회의 수를 1 증가시켜야 한다. 따라서, (D) 위치에서 위원회의 수를 1 씩 증가시켜야 한다.

[문제 24~25]

아래와 같은 문제를 해결하기 위해 프로그램을 작성하였다. 물음에 답하여라.

문제

양팔 저울과 몇 개의 추가 주어졌을 때, 이를 이용하여 입력으로 주어진 구슬의 무게를 확인할 수 있는지를 결정하려고 한다.

무게가 각각 1g과 4g인 두 개의 추가 있을 경우, 주어진 구슬과 1g 추 하나를 양팔 저울의 양쪽에 각각 올려놓아 수평을 이루면 구슬의 무게는 1g이다. 또 다른 구슬이 4g인지를 확인하려면 1g 추 대신 4g 추를 올려놓으면 된다.

구슬이 3g인 경우 아래〈그림 1〉과 같이 구슬과 추를 올려놓으면 양팔 저울이 수평을 이루게 된다. 따라서 각각 1g과 4g인 추가 하나씩 있을 경우 주어진 구슬이 3g인지도 확인해 볼 수 있다. 〈그림 2〉와 같은 방법을 사용하면 구슬이 5g인지도 확인할 수 있다. 그러나 구슬이 2g이면 주어진 추를 가지고는 확인할 수 없다.

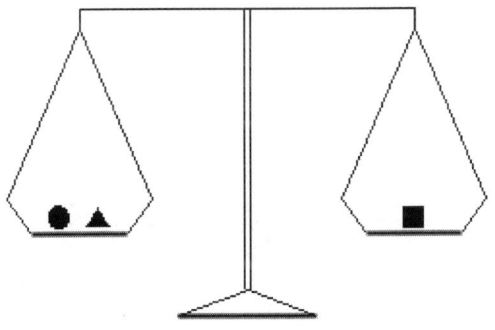

〈그림 1〉 구슬이 3g인지 확인하는 방법

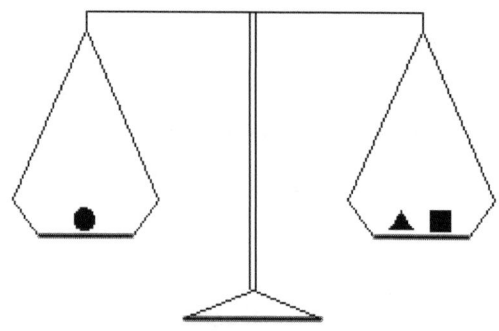

〈그림 2〉 구슬이 5g 인지 확인하는 방법

(▲는 1g 인 추, ■는 4g 인 추, ●은 무게를 확인할 구슬)

추의 개수 N 과 추들의 무게 W[1]~W[N], 확인할 구슬의 무게 X 가 입력되었을 때, 주어진 추만을 사용하여 구슬의 무게를 확인할 수 있으면 'Yes' 를, 그렇지 않으면 'No' 를 출력하는 프로그램을 작성하시오.

코드

```
// W[i] : i 번째 추의 무게
t = 0;
for (i = 1; i <= N; i++)
  t += W[i];

// MAX : 상수로 모든 추의 무게의 합은 항상 MAX 보다 작다.
bool p[MAX] = { false, };

(1)
```

```
for ( i = 1; i <= N; i++ )
{
  for ( j = t - W[i]; j >= 0; j-- )
    if ( p[j] ) p[(2)                    ] = true;

  for ( j = 1; j <= t; j++ )
    if ( p[j] ) p[(3)                    ] = true;
}

printf( p[X] ? "Yes" : "No" );
```

[문제 24]

위 빈 칸 (1)에 알맞은 내용은?

① p[0] = true;   ② p[t] = true;   ③ p[N] = true;
④ p[X] = true;   ⑤ p[W[1]] = true;

[문제 25]

위 빈 칸 (2)와 (3)에 차례로 들어갈 알맞은 내용은?

① j − W[i], j + W[i]
② j − W[i], W[i] − j
③ j + W[i], j − W[i]

④ j + W[i], W[i] - j
⑤ j + W[i], abs(j - W[i])

위 코드에서 p 배열의 원소가 p[i] 라고 할 때 p[i] 에는 i 무게를 잴 수 있으면 true, 잴 수 없다면 false 값을 갖게 된다. 제일 처음에 추를 사용하지 않더라도 무게 0 은 잴 수 있으므로 p[0] 을 true 로 초기화해야 한다. 따라서, (1) 에는 p[0] = true 가 들어간다.

두 번째 (2)와 (3) 이 들어가는 문장을 해석해보자. 첫 번째 for 문은 t - W[i] 부터 0 까지 1 씩 줄어들면서 반복된다. W[i] 번째 추를 사용하므로 W[i] 를 더하거나 뺀 위치를 true 로 세팅해야 한다. 그러나, 현재 p[j] 가 true 로서 j 무게를 잴 수 있는 경우에 W[i] 를 빼서 p[j - W[i]] 의 값을 true 로 하는 경우를 생각해보자. 현재 for 에서 j 가 t - W[i] ~ 0 까지 사용되므로 j 가 0 인 경우에 p[0 - W[i]] 가 되어 잘못된 배열의 원소를 나타내게 된다. 따라서, 첫 번째 for 에서는 더한 곳인 p[j + W[i]] 위치를 true 로 세팅해 주어야 한다.

반대로 두 번째 for 는 1 ~ t 까지 변하므로 p[t + W[i]] 를 하는 경우, 추의 총 무게인 t 이상을 재는 범위이므로 잘못된 위치가 된다. 따라서, 두 번째 for 에서는 p[j - W[i]] 를 true 로 세팅해야 한다.

[문제 26~27]

아래와 같은 문제를 해결하기 위해 프로그램을 작성하였다. 물음에 답하여라.

문제

같은 길이의 성냥개비가 여러 개 주어져 있다. 이것들을 평면에 늘어놓아서 삼각형을 만들려고 한다. 삼각형의 한 변은 여러 개의 성냥개비를 직선으로 이어서 만들 수 있지만, 성냥개비를 꺾거나 잘라서 변의 한 부분을 만들 수는 없다. 성냥개비의 개수 N이 주어졌을 때, 이들 성냥개비를 사용하여 만들 수 있는 서로 다른 삼각형의 개수를 출력하는 프로그램을 작성하시오.

예를 들어서 9개의 성냥개비로 만들 수 있는 서로 다른 삼각형은 그림 1 과 같이 3 가지이다.

그림 1

주의사항

(1) 주어진 성냥개비는 모두 사용하여 하나의 삼각형을 만들어야 한다.
(2) 삼각형을 한 개도 만들 수 없으면 0 을 출력한다. 예를 들어서, 주어진 성냥개비의 개수가 1, 2, 또는 4인 경우에는 삼각형을 한 개도 만들 수 없다.
(3) 합동인 삼각형들은 같은 삼각형으로 본다. 예를 들어서 성냥개비 5 개를 사용하여 만들 수 있는 그림 2의 삼각형들은 같은 삼각형으로 본다.

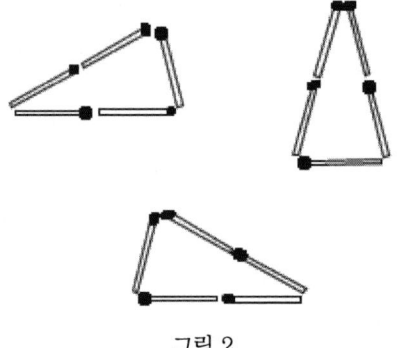

그림 2

코드

```
c = 0;

for ( i = 1; i <= N; i++ )
  for ( j = (1)        ; j <= N; j++ )
  {
    k = N - i - j;
    if ((2)        && i + j > k ) c++;
  }

printf( "%d\n", c );
```

[문제 26]

위 빈 칸 (1)에 알맞은 내용은?

① 1   ② 2   ③ i − 1   ④ i   ⑤ i + 1

[문제 27]

위 빈 칸 (2)에 알맞은 내용은?

① i < k ② i <= k ③ j < k ④ j <= k ⑤ j > k

위 코드에서 if 문에서 뒤의 조건이 i+j > k 인 경우이다. 삼각형의 세변에서 가장 긴 변이 나머지 두 변보다 작아야 한다. 따라서, k 가 가장 긴 변이 된다. 위에서 k 는 N - i - j 로 계산된다.

처음 i 가 1 ~ N 까지 반복된다. j 는 ☐ 부터 N 까지 반복된다. 현재, i 는 삼각형에서 가장 작은 변을 나타내고, j 는 두 번째 변을 나타내므로, j >= i 가 되어야 한다. 따라서, j 는 i 부터 시작될 수 있다.

두 번째 빈 칸은 삼각형을 판별하는 조건이 들어가야 한다. 현재, i + j > k 가 삼각형이 구성되는 조건이며, 더 필요한 조건은 k 가 가장 긴 변인지를 판별하는 코드가 필요하다. 두 번째로 긴 변이 j 이므로 가장 긴 변 k 는 j 보다 크거나 같아야 한다. 따라서, (2) 에는 j <= k 가 들어가야 한다.

[문제 28~30]

아래와 같은 문제를 해결하기 위해 프로그램을 작성하였다. 물음에 답하여라.

문제

정보초등학교 학생회장 후보는 일정 기간 동안 전체 학생의 추천에 의하여 정해진 수만큼 선정된다. 그래서 학교 홈페이지에 추천받은 학생의 사진을 게시할 수 있는 사진틀을 후보의 수만큼 만들었다. 추천받은 학생의 사진을 사진틀에 게시하고 추천받은 횟수를 표시하는 규칙은 다음과 같다.

(규칙 1) 학생들이 추천을 시작하기 전에 모든 사진틀은 비어있다.
(규칙 2) 어떤 학생이 특정 학생을 추천하면, 추천받은 학생의 사진이 반드시 사진틀에 게시되어야 한다.
(규칙 3) 비어있는 사진틀이 없는 경우에는 현재까지 추천 받은 횟수가 가장 적은 학생의 사진을 삭제하고, 그 자리에 새롭게 추천받은 학생의 사진을 게시한다. 이 때, 현재까지 추천 받은 횟수가 가장 적은 학생이 두 명 이상일 경우에는 게시된 지 가장 오래된 사진을 삭제한다.
(규칙 4) 현재 사진이 게시된 학생이 다른 학생의 추천을 받은 경우에는 추천받은 횟수만 증가시킨다.
(규칙 5) 사진틀에 게시된 사진이 삭제되는 경우에는 해당 학생이 추천받은 횟수는 0으로 바뀐다.

후보의 수 즉, 사진틀의 개수와 전체 학생의 추천 결과가 추천받은 순서대로 주어졌을 때, 최종 후보가 누구인지 결정하는 프로그램을 작성하시오.

입력 형식

입력 파일의 이름은 INPUT.TXT 이다. 첫째 줄에는 사진틀의 개수를 나타내는 자연수가 주어진다. 둘째 줄에는 전체 학생의 총 추천 횟수가 주어지고, 셋째 줄에는 추천받은 학생을 나타내는 번호가 빈 칸 하나를 사이에 두고 추천받은 순서대로 주어진다. 단, 사진틀의 개수는 20 개 이하이고, 총 추천 횟수는 1000 번 이하이다. 학생을 나타내는 번호는 1 부터 100 까지의 자연수이다.

출력 형식

출력 파일의 이름은 OUTPUT.TXT 이다. 사진틀에 사진이 게재된 최종 후보의 학생 번호를 빈 칸을 사이에 두고 출력한다. 단, 출력순서는 상관없다.

입력과 출력의 예

입력(INPUT.TXT)

```
3
9
2 1 4 3 5 6 2 7 2
```

출력(OUTPUT.TXT)

```
2 7 6
```

코드

```c
#include <stdio.h>

int main()
{
  int student[20], vote[20], time[20];
  int n, m, k;
```

```
int s;
int i, j, t;
bool exist;

FILE * fin = fopen("INPUT.TXT", "r");
FILE * fout = fopen("OUTPUT.TXT", "w");

fscanf(fin, "%d", &n);
fscanf(fin, "%d", &k);

m = 0;

for (i = 0; i < k; i++)    {
  fscanf(fin, "%d", &s);
  exist = false;

  for (j = 0; j < m; j++) {
    if (student[j] == s) {
      vote[j]++;
      exist = true;
      break;
    }
  }

  (a) ☐
```

```
if (!exist) {
  if (㉠ ▭) {
    j = m;
    (b) ▭
  }
  else {
    j = 0;
    for (t = 1; t < m; t++) {
      if (vote[t] < vote[j] || (vote[t] == vote[j] &&
        time[t] < time[j]))
        j = t;
    }
    (c) ▭
  }
  (d) ▭

  student[j] = s;
  vote[j] = 1;
  ㉡ ▭ ;
}
(e) ▭
}

for (i = 0; i < m; i++) {
  if (i < m - 1)
    fprintf(fout, "%d ", student[i]);
```

```
    else
        fprintf(fout, "%d\n", student[i]);
}

fclose(fin);
fclose(fout);
return 0;
}
```

[문제 28]

㉠에 들어갈 내용은 무엇인가?

① m == 0 ② m < n ③ m <= n ④ m >= n ⑤ m > n

[문제 29]

㉡에 들어갈 내용은 무엇인가?

① time[j] = 0 ② time[j] = 1 ③ time[j] = i
④ time[j] = time[j − 1] + 1 ⑤ time[j] = time[m − 1] + 1

[문제 30]

위 프로그램에서 m++; 이 들어가야 할 곳은?
① (a) ② (b) ③ (c) ④ (d) ⑤ (e)

첫 번째 i 로 시작하는 for 내에서 두 번째 for 는 현재 학생 배열 student 배열에서 입력된 s 번 학생이 있는지를 검사해서 있는 경우에는 해당 학생의 추천수 vote[j] 를 1 증가시키고, 배열 내에 있었다는 것을 나타내는 의미로 exist 변수를 true 로 초기화 한다.

다음 if 문은 student 배열에서 s 가 없었다면 실행되는 조건이다. s 가 student 배열에 없었던 경우 ㉠ ▭ 조건을 만족하면 j 에 m 을 넣게 된다. else 이하를 살펴보면 추천수가 가장 적거나 가장 적은 회수의 학생이 2 명 이상이면 가장 오래된 학생을 찾아서 그 위치를 구하는 구조로 이루어져 있다. 따라서, if 에는 현재 사진틀이 남아 있는지에 대한 검사가 이루어져야 한다. 이 코드에서 사진틀의 총 개수는 n 개이고, 현재까지 사용한 사진 틀의 수는 m 으로 정의하였으므로, m < n 이 ㉠ 조건이 된다.

다음으로 ㉡ ▭ 에 들어갈 내용을 살펴보자. 일단 들어간 위치를 구하는 것이 if ~ else 로 이루어진 문장이었다. 그 이후에 student[j] = s, vote[j] = 1 을 넣고 먼가를 하는 코드가 ㉡ 에 들어가야 한다. 사진 틀에 새로운 사진이 들어가면, 그 학생 번호를 student[j] 에 저장하고, 추천 수 vote[j] 도 1 로 하지만, 현재 기록되는 시간도 저장해야 한다. 현재 하는 회수는 for 를 통해서 i 번째 임을 알 수 있으므로, time[j] = i 를 넣는 코드가 들어가야 한다.

마지막으로 m++ 이 들어갈 위치를 선택해보자. m 은 현재까지 사진틀에 기록된 사진의 총 개수를 나타내므로, 사진 틀의 총 개수인 n 이 넘지 않은 상태에 마지막에 사진을 추가한 경우 사용한 사진틀의 개수를 증가시켜야 한다. 따라서, 마지막에 사진 틀을 추가하는 부분인 (b) 부분에서 사진 틀의 개수가 증가되어야 한다.